密教が教えるスピリチュアルケアのこころ

池口恵観

美しい花が咲くように
こころの花を咲かせよう
悲しい人や苦しい人に
そっと優しく声かけて
愛の花束贈りましょう

同文舘出版

まえがき

私は、事実上昭和最後の年となった昭和六十三年（一九八八年）に、国立山口大学医学部の非常勤講師になって以来、二十年以上にわたって、各地の大学医学部で仏教からみた生命倫理、医療倫理を説いてきました。

私が初めて医学部で講義をした当時はバブル経済の絶頂期で、世の中は浮かれていました。医療の現場でも患者さん本位の医療が忘れられ、いのちが粗末に扱われる傾向が出てきていました。要するに、国民の医療に対する不信感が高まっていた時代でした。

医療における倫理が忘れられている、と感じていた私は、仏教とりわけ弘法大師空海が千二百年前に開いた真言密教の教えの中にある、御仏《みほとけ》に絶大の信頼を置く生命観が、現代医療にも求められていると確信し、日本の医療の将来を担う医学生の皆さんに、真言密教の行者《ぎょうじゃ》の立場から一生懸命、生命倫理、医療倫理を説いてきたのです。

バブル経済崩壊後の長期不況の中で、経済成長一辺倒で来た戦後の日本経済のあり方が見直されるのと軌を一にして、医療のあり方も患者さん本位の医療に軌道修正が図られてきました。それは二十一世紀に入り、日本が超高齢化社会を迎えたことと無縁ではありません。

社会が高齢化すればするほど、介護を含めた医療の役割は増大し、終末期医療の比重も高まります。しかし、高齢化が進むにつれて、世界一の長寿社会は実現したけれども、長生きすることが必ずしも幸せではないという現実も見えてきました。そして、終末期の患者さんやお年寄りにとって大切なことは、最新の医療技術によっていのちを少しでも長らえることもさることながら、誰にも避けることのできない死を前にして、救いと癒《いや》しにより心の平安を得て、従容《しょうよう》と死に赴くことができることである、と考えられるようになってきました。

そこに新たに生まれてきたのが、スピリチュアルケアという領域です。私は長年、医学生に仏教からみた生命倫理、医療倫理を説き、かつて医療と仏教は共存していたというお話をしながら、医療と仏教の融合の必要性を訴えてきていましたから、スピリチュアルケアという言葉を初めて聞いたとき、この領域こそ現代医療と仏教の融合を推進できる分野だと直感したのです。

特に、弘法大師空海の広大無辺な教えの中には、スピリチュアルケアのバックボーンになり得る教えが少なくありません。スピリチュアルケアの分野は真言密教が現代医療にアプローチする突破口になる、と確信した私は、長年培ってきた医学界の人脈を駆使して、医療と高野山の縁結びに尽力しました。それが「二十一世紀高野山医療フォーラム」（柳田邦男理事長）の開設や、高野山大学のスピリチュアルケア学科創設に結実し、高野山は今、積極的に医療の分野にアプローチしています。

平成二十年度、私は高野山大学の客員教授を拝命し、スピリチュアルケア学科で特別講義を行いました。スピリチュアルケアを実践していく上で、バックボーンになると思われる弘法大師空海の教え、すなわち「密教的スピリチュアルケアのこころ」を中心に説いてきました。

本書は、その講義録を加筆・再構成したものです。これからスピリチュアルケアの分野で、密教で言うところの身口意《しんくい》、すなわち身体と言葉とこころをフル回転させようと燃えている若い人たち、また、すでにスピリチュアルケアの現場で身口意をフル回転させている人たちに、本書を読んでいただくことによって、少しでも勇気と希望を与えることができればと、こころから祈っています。

合掌

もくじ

第六章　「声の響き」と「こころの力」とスピリチュアルケア

第一章　スピリチュアルケアと密教は共鳴する

泥の池底に根を張りて
水面を飾る蓮華花
これぞ将しく み仏の
尊き姿 化身なり

書・池口恵観

第一節　スピリチュアルのこころ

スピリチュアルケアの原点は癒し

スピリチュアルという言葉は「精神世界」あるいは「霊性」「霊的な領域」などと訳されます。そのスピリチュアルとケアとが結びついたのがスピリチュアルケアです。

本来、スピリチュアル学とはどのような学問なのでしょうか。哲学と同じように、思考や感覚を超える論理で語られることが多いので、とらえどころが難しいかと思います。

自分とは何者かを知るための学問が哲学であるとするなら、何者かである自分を知るのがスピリチュアル学と言えましょうか。これは、言葉の遊びではありません。私どもは「お大師さま」と親しくお呼びしていますが、真言密教を開いた弘法大師空海は、仏さまを知るには自分の心をよく見つめなさいと教えました。

それがどのようなことなのか、あるいはどのようにしたら自分を知ることができるのかを学ぶのが真言密教の道です。その教えとスピリチュアルケアとが、どう結びついているのか、これから探求していこうと思っています。

まず最初に、お大師さまが説いた「こころの病を癒す」ことについてお話します。ここでいう「こころの病」とは、現代の精神科の病ではなく、生命の根源が傷ついてしまった霊的な原因からくる病気のことです。祈りによらなければ治らない病があると、千二百年も前にお大師さまは説きました。

身体の病は医薬で治し、生命の根源に原因するこころの病は、加持《かじ》など祈りによって治療した上で医薬を施すようにと、お大師さまは説きました。お大師さまが教えた祈りによる癒しについて、特に私の本分である「行《ぎょう》」について、さらには、行の基本となる自分のこころを見つける方法などについてお話しながら、密教的スピリチュアルケアのこころを説いていきたいと思います。

スピリチュアルという言葉は、大変あいまいな使われ方をしていると、私は考えています。最近では占いなどもその範疇に入れているようですが、これは少し違う場合もあると思います。私は真言密教の一僧侶として、お大師さまの教えに帰依《きえ》している者として、その教えを根底にして、正しい「精神世界」の考えに基づくケアを説いていきます。

私は生まれたときから真言行者として人生を歩んできました。そもそも行者とは何かをお話しなければなりませんが、とりあえず行者とは行をする人であり、仏さまの教えに帰依して祈りの人生を送る者だ、と理解してください。行者の世界がスピリチュアルの世界と決して無縁ではないことは、あらためてお話します。

私は正直なところ、スピリチュアルケアという学問について知識を持ったのは、比較的最近のことです。しかし、その内容を知れば知るほどに、これはお大師さまの教えと重なるものだ、と理解するようになりました。

結論を先に言えば、スピリチュアルケアの原点は癒しにあります。そして、宗教の根本は癒しにあり、本来癒しは宗教者の究極の使命でした。真言密教には、厳しい行によって得た法力で病を癒す加持というものもあるのです。

スピリチュアルだったネアンデルタール人

人類は古来、生きていることでさまざまな苦しみを体験することを知り、その苦痛をやわらげることを考えてきました。お釈迦さまが仏教を開いたのは、「生老病死《しょうろうびょうし》」という人間が本源的に持っている四つの苦しみにどう向き合ったらよいのか、どうしたらその苦しみから救うことができるのか、というところから始まっています。生きて、老いて、病んで、死ぬ。突然の事故などで亡くなる人もいますが、風邪や心の病も含めて、病んだことがない人はいません。

古代人は病気を治す術《すべ》は現代人ほど持ってはいませんが、苦しみを癒そうと努力したことが、さまざまな痕跡になって残っています。

現代の人類より少し古いネアンデルタール人、旧人と呼ばれていますが、彼らは死者を埋葬するときに花を供えました。ネアンデルタール人の風習だったと言われています。また、発掘されたネアンデルタール人の骨の状態から、身体に障害を持っていた人たちがいたこともわかっています。傷口から見て、手や足の一部を失ってから何年も生きていた、と考えられています。彼らの社会は障害者とともに生きることができて、花を癒しのしるしとしていたことがわかってきたのです。

新人、これは現代の私たちの祖先ですが、この人たちの古代宗教は、癒しというより天の恵みを期待する傾向が強かったようです。その意味では、新人よりネアンデルタール人のほうが、スピリチュアルな意識が強かったと言えるのかもしれません。

仏さまの慈悲と智慧を生かす

時代は下って、インドにお釈迦さまが登場しました。紀元前六世紀頃です。お釈迦さまはヒマラヤに近い小さな国の王子として生まれました。何不自由なく暮らし、結婚して男の子も生まれました。次の王さまになることを約束されていたのですが、お釈迦さまはすべてを捨ててお城を去りました。

物質的に満たされても、人間には満たされきれない「何か」がある。その「何か」がわかれば、人は幸せに生きることができる。お釈迦さまは、その「何か」を求めて旅に出たのです。やがて、お釈迦さまは森の中に入って苦行者たちとともに修行を始めます。

古代インドには太古から続いた教えがありました。バラモン教として知られているものです。その一つの流れに、肉体をとことん苦しめて超能力を得ようとする人たちの群れがあったのです。いまでもインドの奥地には、このような苦行者たちがいると聞いたことがあります。

「私ほど苦行を重ねた者はいないだろう」と、自ら述懐しているように、お釈迦さまはすさまじい苦行を何年も続けました。その頃のお釈迦さまの姿を想像して造られた仏像は、まるで骸骨の標本のように骨と皮ばかりになっています。

しかし、いくら苦行を続けても、お釈迦さまは「答」を得ることができません。とうとう、お釈迦さまは苦行者の群れを離れて人里に出、川に入って身を清めました。その姿を見ていた村の娘スジャータが、お釈迦さまに一杯の乳粥《ちちがゆ》を差し上げました。喜んでいただいたお釈迦さまは、一挙に気力がみなぎって、菩提樹の下で瞑想に入り、ついに生命の真実を悟るのです。

生命とはこの世に現れている形だけではない、生きとし生けるものはみなつながって存在しているのだと、お釈迦さまは全身全霊で理解したのでした。生命の根底にあるのは、真実の道へと進む智慧と生命を生かす慈悲だと、お釈迦さまは悟ったのです。この二つのものこそ、生命の根源にある仏さまの力なのです。その教えを広めたのが仏教の始まりです。お釈迦さまは、集まってくる人々に説法したり、苦しみから救って行脚《あんぎゃ》しました。病人を救い、悩みを癒して布教したのです。

スピリチュアルケア学とは、この慈悲と智慧とを会得《えとく》して生かしていく学問だと、私は理解しています。

スピリチュアルな世界の方が大きい

お釈迦さまからしばらくして、中東にキリストが登場し、お釈迦さまと同じく、慈悲、愛こそが生命の根源であり、生命を救うものだと説きました。

今のスピリチュアルケア学が生まれたのは欧米で、キリスト教の影響が少なからずあります。しかし、それだけではありません。仏教、儒教、道教などの東洋思想の流れが色濃く見られます。もともとは、おそらく一つの泉から流れ出たものが、東洋と西洋とに分かれ、二十世紀になって再び出会ったのが、今のスピリチュアルケア学ではないかと思います。

スピリチュアルな世界、霊的な世界は目に見えない領域です。この世の中には目に見えない世界と、目に見える現実の世界がありますが、私は長い間の体験から、目に見えない世界がほとんどで、目に見えている現実の世界はおそらく一～二割くらいであり、氷山の一角に過ぎないと考えています。救い、癒しといったスピリチュアルな世界は目に見えない世界です。そうした見えない領域とどう向き合って生きていったらいいのか、そこに仏さまの教えがあるのだと、私は信じています。

ケアつまりは看護や介護は、単に技術だけ磨けばよいという分野ではありません。技術を支える精神の豊かさ、強靭さがあって、はじめて成り立つものです。ケアを受ける人とこころを通わせるケアをしてこそ、はじめてその技術や理論が生きるのです。

スピリチュアルケアの実践には、なおさらそうしたこころが必要です。そのこころを養い、磨くために、お大師さまの教えを知って、役立ててほしいと願っているのです。

理論と実践の両方を究める

私は、長年にわたって、いくつもの国立大学医学部で講義をしてきました。これから医師になろうとする学生たちに、生命をどう考えるのか、生と死とをどう受け止めていくのかを説いてきました。医療現場では死が日常のことですから、油断すると生命に対して感受性が鈍くなります。あるいは逆に生死に過敏になって、平常心で治療ができなくなります。疲労がたまったり、ストレスに押しつぶされて、医師がこころを病んでしまうことも少なくありません。

それは医師だけではなく、いまや医療や介護の現場にはたらく人たちが抱える問題ともなっています。

　こころをしなやかに保つために、どのようなトレーニングをすればいいのでしょう。そこにスピリチュアルケアの本領があるのだと、私は考えています。こころをしなやかに保つためには、誰にも宿っている内なる仏さまを見出して、その無限の力を得ることが大切です。そしてその力を人のために役立てることに発揮するのだと、お大師さまは教えています。

　私の寺には、たくさんの方がおいでになります。その方々の多くは何か悩みを抱えていらっしゃいます。私は弟子たちとともに、その悩みを癒して差し上げ、その方々が苦しみから解放されるお手伝いを続けています。人々の悩みを受け止めるには、それなりに強いこころを持っていなければなりません。その強いこころを鍛えるためには、毎日の行が大切になってくるのです。

真言密教には、「理」と「事」と二つの教えがあります。「理」は理論、お大師さまが築いた真言密教の思想体系を学ぶことです。「事」は実践です。護摩行《ごまぎょう》や瞑想によって仏さまの力をいただいて、その力で苦しむ人たちを救い、癒すために行動することです。この両者を究めていって、ようやく仏さまの世界に至ることができるのです。

密教的スピリチュアルケアのこころを学ぶのは、どちらかと言えば「理」の部分です。その「理」を自分のものとしたうえで、実際にスピリチュアルケアの現場で、苦しむ人たちを救い、癒すために、全身全霊で努めるのが「事」です。この「理」と「事」を一体のものとしてはたらかせるところに、密教的スピリチュアルケアの真髄があります。

身体の病気・こころの病気

お大師さまは著書の『十住心論《じゅうじゅうしんろん》』の冒頭で、癒しについて次のように書いています。

「病を癒すには会《かなら》ず薬方による」

病気を治すには、かならず薬と処方が必要である、とお大師さまは教えているのです。

そして、私たちの病気には身体の病とこころの病とがあると教え、「こころの病」の原因はただ一つ「無明《むみょう》」である、と言っています。「無明」とは、煩悩《ぼんのう》に苦しんでいることです。もっと楽に暮らしたい、恋人の心を射止めたい、ライバルに勝ちたい、偉くなりたい……、みな煩悩のもとになる思いです。

煩悩は誰もが持っています。ただ煩悩の持ち方を間違えると病気になる、とお大師さまは教えるのです。

そして、煩悩を病気のもとにしてしまうのは、「もっと、もっとと貪《むさぼ》るこころ」「自分の思い通りにならないと怒るこころ」「自分の思いがどのようなものなのかもわからない愚かさ」の三つだ、とお大師さまは教えています。

煩悩に端を発する「こころの病」を治すには、真言を唱えて瞑想し、仏の教えを学ぶことだ、とお大師さまは説きました。煩悩の数だけ悟りが得られる、とも教えています。

煩悩とは生命力の変形でもあります。これを悪玉だと糾弾して無理やり消し去ろうとすると、そのこだわりがかえって煩悩のもととなり、苦しみはますます肥大化します。

そうではなく、欲望が心に芽生えたら、その欲望を受け入れて、よくよく見極めるこころを鍛えるのです。欲望が自分のこころの器より大きくなると、欲望が暴れている感じがして邪魔になりますが、こころの器をもっと大きくすれば、欲望は少しも邪魔にはなりません、逆に欲望が自分のこころに収まって、かえって生きる原動力となるのです。

さらに、お大師さまは、悪霊《あくりょう》などのたたりや業《ごう》の報いが身体を苦しめる原因の一つになるとも教えました。これを治す方法には、温泉・散薬・丸薬・酒・針・灸・まじない・いましめがある、と説いています。

「呪法《じゅほう》のはたらきは一切の病を治すことができる。世俗の医師が治すことができるのはただ身体の病のみである」

たとえ、原因が煩悩によるものだったり、悪霊によるものであったりする病気でも、傷ついた身体を癒す方法は、中国の医学書に書いてある通り、医薬によらねばならないと、お大師さまは説いているのです。つまり、呪法によって「こころの病」を癒したら、身体が被った傷は世俗の医師が処方する医薬で回復させるのだと、はっきり説いたのです。

この考えは、現代にも十分通じるものだと、私は信じています。加持祈祷は「こころの病」を癒すことによって身体の病を治す力を呼び戻すものであり、傷ついた身体は最終的に医薬で治すのです。この考え方に即して言えば、スピリチュアルケアも苦しんでいる人を癒すことによって、生きる力を与えることだと言えるでしょう。

生命力再生のお手伝い

私の寺には、日々たくさんの病気に苦しむ方たちが相談にやってきます。その多くが不治の病を宣告された方たちです。私はその方たちとともに祈ります。そして、その多くが不治とされた状態から抜け出すのです。

私は、どんな病気の方にも医師の治療は続けなさいと言います。私たち行者が行う加持は、さまざまな原因で低下している生命力を再生するお手伝いをするものです。私はスピリチュアルケアもこの領域に入るのではないかと感じています。

病気になってしまったら医療によって身体の修復をする。これが基本です。仏さまにいただくのは、医療を生かす生命の力なのです。生命力が病気と闘う力をもたらします。現代医学でいえば、免疫力に近い発想だろうと考えています。

お大師さまが「こころの病」としたものの原因が、現代の最先端医学で解明される日がいずれくるのではないかと思います。明日をも知れなかった病人が、突然に前向きになって回復することもあります。前途に生き甲斐《がい》や希望がなければ、生きようとする意志が希薄になります。重病人でも、なんとしても生きたいという夢を持っていると、回復が早いこともあるのです。

それは「気のせい」でもなんでもありません。「こころの病」は煩悩からくる毒に冒されて発症するものですから、まずその毒を取り除かないと病気は治らない、とお大師さまは教えているのです。

現代の心理学に「ユング学派」という一つの学派があります。ユングという心理学者が「無意識の集合体」というものを説いています。人間は一人ひとりが個別に存在しているのではなく、無意識の世界でつながっている、というのです。お大師さまが説いた「こころ」もこの「無意識」の分野に入ります。

私たちの生命の内に、見えないけれども存在しているエネルギーがあるのです。そのエネルギーがバランスを崩したときが「こころの病」だと、お大師さまは教えたのです。そのバランスをどのように取り戻すのか。そのお手伝いをするというのが、真言密教の大切な教えです。そして、その思想や方法がスピリチュアルケアと重なってくるのです。

第二節　『十住心論』が説く人間のこころ

人間のこころには十の段階がある

さて、お大師さまが説かれた「十住心《じゅうじゅうしん》」という教えがあります。こころが住まう十の段階とでも言いましょうか。お大師さまは「悟りにむかうときの、こころが向上していく十段階」だと説いています。十の段階を経て、人は仏さまの世界に至ることができるのだ、と説いているのです。

その最終段階は安心《あんじん》の世界です。こころにかかる心配事が何もなく、正しいと思ったことを実現する力を得た、静かで満ち足りた境地です。生命は元の源にたどりつくと、とても清らかで明るく、力強いものなのです。

大日如来《だいにちにょらい》が生命の源であると、お大師さまは教えます。大日如来とは真言密教の中心仏で、大宇宙・大生命体と考えられている仏さまです。私たちは、大日如来という大きな仏さまから生命を分けていただいて、この世にやってくるのですから、本来とても清らかな存在だというのが、真言密教の基本的な考え方です。

しかし、この世は生きるのに厳しい世界ですから、心身の掃除を怠ると、すぐにホコリがたまってしまいます。その結果、いつしか自らのホコリによって周囲を見る力を失い、迷いの世界に入り込んでしまったり、病気になって苦しんでしまいます。お大師さまは、この人間のこころの十段階を、闇の階段から説き始めます。まず最初に、お前たちは迷いの闇の中にいるのだ、と教えるところから『十住心論』は始まるのです。

私がこれからお話する『十住心論』は、あくまでスピリチュアルケア学の範疇で説くものであり、内容の細かい解釈までは及びません。ちなみに、吉野・光明寺の住職だった故村岡空《むらおかくう》先生は十住心を、「人間がオギャーと生まれて、息をひきとるまでの一生の中の精神発達史だ」と説いています。

人として生まれながら、私たちのこころは未熟なままで始まります。人生はその荒削りのこころを熟成させる旅路なのだと、私は受け止めています。スピリチュアルケアを学ぶことはこの旅路を知ることであり、十住心を知ればこころのこもった温かいスピリチュアルケアができるようになります。『十住心論』を学ぶことによって、こころというものがどのように成長していくのかをよく考え、それをスピリチュアルケアの実践に生かしていただきたいと思います。

お大師さまが十のこころの住まいに付けられた名称は、耳で聞いただけではよくわかりませんし、ただ読んだだけではわかりにくいものです。しかしあえて、私は全ての名称を紹介します。十住心の一つひとつは、どんな文字を書き、どんな意味の言葉なのか、好奇心を持っていただけたら一歩前進です。

雄羊《おひつじ》・愚童《ぐどう》・嬰童《ようどう》のこころ

十住心論の第一段階は、「異生羝羊心《いしょうていようしん》」です。

異生とは聖者に対する凡夫《ぼんぷ》を意味しています。仏教の世界で言う「地獄・餓鬼・畜生」の世界に生まれたものを指しており、生まれる世界がそれぞれに違うから「異生」とされます。仏さまの世界と対極のところで生きているものたちということです。

仏さまの世界が慈愛の光に満ちて安らぎの場であるのに対して、「異生」の世界は闇の孤独と不安に覆われています。しかし、その闇は仏さまの世界に至る第一の関門でもあるのです。孤独と不安の中で生きていると感じても、決して絶望してはなりません。

まずは、自分自身のこころがどんな場所にあるのか知ることです。闇にいることをはっきりと知るところに救いの第一歩があります。闇にいるのに、そこが極楽だと思っていたのでは、永遠に救いの道を見つけることはできません。

羝羊《ていよう》とは雄羊《おひつじ》のことです。性欲や食欲という本能的な欲望のおもむくままに生きているありようを、雄羊にたとえているのです。雄羊のようにセックスとグルメばかりを追いかけているのは、迷心、つまりこころが迷路をさまよっているようなものだというのです。

人間として生まれたのに、まるで雄羊のように目先の楽しみばかり追いかけている状態を表しています。二十一世紀の現代、この国では自分の欲望ばかりを追い求め、自分の思い通りになればそれでいい、他人のことなど考えない、といった雄羊のような人が増えています。そういう人には、とてもスピリチュアルケアを行う資格はありません。また、素直にスピリチュアルケアを受けることもできないでしょう。

その闇の状態を抜け出すと、第二段階に移ります。そのこころの状態を「愚童持斎心《ぐどうじさいしん》」と言います。闇をさまよっていた冬の大地で、無限ともいえる長いあいだ芽の出なかった種子が、春雷に遇って殻がさけ、慈雨のめぐみを受けて芽を出します。ふとしたきっかけで善なるこころのきざしを感じて、人のこころは一段階ステップアップするのです。

いたずらばかりしていた子供が、ちょっと善いことをしてほめられたら、すっかりうれしくなってまた善いことをしたくなる、という状態です。そんなとき、大人はからかわずに、善いことをしたらうれしいということを、子供の精神にしっかりと刻み込むように育てれば、芽生えた種はやがて大樹へと成長していくのです。

ちょっとしたきっかけを縁として、仏さまへの道が開けるのです。何も知らなかった人であっても、縁にめぐり合って感動すれば、新しい道が開けるのだと、お大師さまは教えます。子供のちょっとした善行が仏さまへの道を開くということは、スピリチュアルケアのこころの芽生えでもあります。

第三段階は「嬰《よう》童《どう》無《む》畏《い》心《しん》」です。母親の乳を飲んでいるような、おそれのない安らかなイメージで、天界にいるような安心を知る状態です。「嬰童とは初心ということ、無畏とは煩悩の束縛を脱すること」だと、お大師さまは教えています。しかし、これで安心してしまっては次に進めないのは、どんなことでも同じです。こころの成長はまだ始まったばかりで、気を緩めてはまた下界に落ちてしまいます。

まだ未熟な「小乗」の段階

第四段階は「唯《ゆい》蘊《うん》無《む》我《が》心《しん》」です。この世はすべて仮のもので、生命のほんとうの故郷はほかにあるのだという教えです。この心のありようから出家の段階に入ります。仏さまとしっかり向き合うようになるのです。

最近は、バーチャル・リアリティという言葉があるように、コンピュータによって立体的な仮想空間の映像を創ることができるようになっています。私たちの周りにある目に見えない世界が多少は認識しやすくなっており、映像的に仏さまと向き合って無我の境地を得ることも決して不可能ではなくなっています。唯蘊無我心とは無我の境地を知り、仏さまを実感できるようになった状態です。

私たちはとかく、自分がどう考えているのか、他人にどのように見られているのかと、「我《が》」から離れることができません。しかし、何かを夢中でしているときは、「無我夢中」になります。「無我」から思いがけない良い結果が生まれることは、多くの人が体験していることです。自我ができると無我を理解できる。これも成長のプロセスの一つでもあります。

「我」に執着していたのでは、こころを込めたスピリチュアルケアはできません。スピリチュアルケアの本質は、「我」を離れ「無我夢中」でケアに努めるところにあります。

第五段階は「抜業因種心《ばつごういんしゅしん》」です。ものごとは原因があって結果が生じます。生命も同じで、原因つまり因縁があってその結果が人生を決める、という教えです。誰のせいでもない、自分が種を蒔いた原因があるから、刈り取る結果が生まれるのです。

この第四と第五の段階は、仏教の言葉で言えば「小乗《しょうじょう》」の教えになります。小乗とは「小さな乗り物」というのがもともとの意味です。修行によって自分だけが悟りを得る、それが小乗です。この段階ではまだ、世のため人のために生きるという「利他《りた》のこころ」は未熟なのです。

『十住心論』には「小乗」を表す「羊車《ようしゃ》」という表現があります。羊が牽《ひ》く車ですから、一人乗りの小さなものです。道端を疲れてトボトボと歩く人たちを乗せて行くことはできません。小乗の教えでも、修行によって悟りの境地に至るのですが、それは一人ぼっちの悟りであって、広く人々とともに彼岸《ひがん》に行くものではありません。その段階は一度は通過する道ではありますが、そこにとどまってしまったら、永遠にほんとうの仏さまと出会うことはできない、とお大師さまは戒めているのです。

みんな一緒に彼岸へ渡る「大乗」の教え

第六段階が「他縁大乗心《たえんだいじょうしん》」です。ここに至ってようやく、生きとし生けるものへの慈愛の心が起きてきます。「大乗《だいじょう》」つまり大きな乗り物でみんな一緒に彼岸に渡ろう、そのためにわが身を役立てよう、というこころになります。ここまでくると、スピリチュアルケアのこころがかなり明確になってきます。

第七段階は「覚心不生心《かくしんふしょうしん》」です。これはひたすら「空《くう》」について観ずれば、こころは安らかだという境地です。

空は形となってあらわれているあらゆるものの根っこである、とお大師さまは教えます。真空とは、プラスとマイナスとが結び合って安定している状態です。これをゼロの状態だとすれば、何かの刺激を与えると、そこからポンとプラスが飛び出します。そしてまたプラスとマイナスとは引き合って、再び結合します。物理学では当たり前のことですが、これを生命にあてはめますと、空の状態からポンと飛び出したプラス因子が、この世に生まれた形ある生命で、死ねば再びマイナスと結び合って安定した状態になります。

死ねば肉体は滅びますが、生命そのものは消えてしまうわけではなく、空に還るというわけです。その真理を理解できれば心は安らかになります。

密教では、宇宙の中に自分がおり自分の中に宇宙がある、と考えます。宇宙はただ一つの実体、大日如来が生命力の源で、この源から出た生命力が一つひとつの生命として存在する、という教えです。

内なる仏さまを感じるこころ

第八段階は「一道無為心《いちどうむいしん》」です。登山でいえば八合目、頂上は目の前にありながら、いよいよ胸突き八丁という状態です。一道とは「一実中道《いちじつちゅうどう》」という言葉を略したもので、無為とは、普通の会話で使っているような「何もすることがない」という意味とは違い、その文字が表すとおり、作為の無いことです。

こころはその本性として清らかなものだと、お大師さまは教えます。こころはいったい何処《どこ》にあるのでしょうか。じつは「こころは何処にあるのか」という考えがそもそも違うのです。

発想を転換してみましょう。人間という形を考えるから、こころは身体の中だろうか、外だろうか、真ん中だろうか、と限定しなければなりません。ほんとうの自分、ほんとうの生命の姿というものは、必ずしも器の内外というように限定的にとらえなくともいいのだと、お大師さまは教えているのです。

私たちの生命は、宇宙の生命のすべての源である大日如来からいただいたものであり、仏さまと同じものです。これが「一道」の悟りです。だから、自分の姿をよく見ないで、よそにばかり目を向けていたのでは、いつまでたっても悟りには至りません。いくら青い鳥を求めてさすらっても見つかりません。まずは自分のあるがままの姿をしっかり見つめることです。

あるがままの姿を見つめるのは、時にはつらいことです。しかし、その試練を乗り越えると、自分の中の仏さまと素直なこころで向き合えるのです。自分はこんなに欲張りなのか、そんな思いを責めることはありません。密教では、人間の欲望を否定しません。大きく大きく欲を持ちなさい、しかし、その欲は自分のために使うのではなく、あらゆる人のために使うのだ、というのが密教の大欲《たいよく》の教えです。煩悩はそのまま悟りに通じる道なのだと教えているのです。スピリチュアルケアはまさに世のため人のために生きる、大欲の実践でもあります。

慈悲救済《じひくさい》をモットーとする観自在菩薩《かんじざいぼさつ》の瞑想の教えがこの「一道」です。蓮の花の教えです。蓮の花は泥沼に美しく気高く咲きます。貪欲《とんよく》（むさぼり）・嗔恚《しんい》（いかり）・愚癡《ぐち》（おろかさ）という「三毒」の泥の中に根を張り、迷いや汚れの水に浮かびながら、あくまでも白く、赤く、清らかな姿を見せています。この清らかさを「一道無為」と名づけているのです。泥には泥の役目があり、泥の栄養によって蓮は花を咲かせることができる。泥は汚いものと思うこころがそもそも間違っていると、お大師さまは説くのです。

第九段階が「極無自性心《ごくむじしょうしん》」です。一口で言えば、対立を超えるこころの世界です。

「自分のこころというものは、あまりに身近すぎて見えないものだが、それだけに山よりも高く、海よりも深い。無限のように見える芥子粒《けしつぶ》の山も、永遠のようなときが経てば無くなるし、磐石《ばんじゃく》といわれる石もいつかはすり減る。しかし、わがこころばかりはその大きさも深さも計れない。不思議中の不思議、すぐれた中にもすぐれたものは、ただ自らのこころの仏であることよ」と、お大師さまは説きます。わがこころの内に無限の生命、仏さまが宿っていると感応する状態が、この「極無自性心」です。

自分のこころの内に仏さまが宿っていると感得すれば、お天道《てんとう》さまに恥じるようなことはできません。どんな仕事においてもその感覚は大切ですが、世のため人のために生きるスピリチュアルケアにおいては、より必要なこころです。

内なる仏さまのエネルギーを活かす

しかし、ここで終わりではないのです。「極無自性心」で無限の生命の手ごたえを知ったことは、これまでの八つのこころの段階に比べれば、たいへん大きな飛躍ですが、最後の第十住心に比べれば初心に過ぎない、とお大師さまはクギをさします。

自分がいて社会がある。自分をしっかりつかみ、周囲をきちっと把握できている状態が、第十段階の「秘《ひ》密荘厳心《みつしょうごんしん》」の基本です。正しい修行によってこころの状態がだんだん上がってきて、生命が無限であることを知れば、生命のエネルギーをわが能力として活かすことができるようになるのです。

『十住心論』は「こころの流れ」を十段階に示すことによって、真言密教の教えの真髄を説いています。仏さまはわがこころの内におられます。その仏さまがいることを忘れてしまうと、こころにホコリがたまって弱くなります。何か失敗したときには、「あいつが悪い」などと他人のせいにしてみたりしますが、よく考えてみれば、そう思うのは自分の気持ちです。相手は何も感じていないかもしれません。

こころは高きにも低きにも、闇の方向にも光の方向にも流れていきます。その流れの向きを決めるのは自分のこころなのです。それが「こころの流れ」です。そして十住心はその流れの目盛りです。いちばん下には雄羊の暗い心があり、その段階から暗さに背を向けて、いちばん上の「秘密荘厳心」の荘厳《しょうごん》な明るさを求めて行く。そのこころの道しるべが十住心の教えなのです。

わがこころの内なる仏さまに感応し、仏さまから授かった生命のエネルギーを燃焼させながらスピリチュアルケアに邁進《まいしん》すれば、そこに荘厳な仏さまの光があふれ、スピリチュアルケアに専心する人も、スピリチュアルケアを受ける人も、等しく幸せの光に包まれるのです。

第三節　行のこころ

仏さまの世界の扉を開く行

「眼明《まなこ》らかになれば、触れるもの、ことごとく宝なり」

お大師さまは「明《みょう》」についてこのように教えます。眼とは、こころでものごとを見極めることができる「心眼」です。

自分のこころの灯りがともれば、苦しむ人、助けを必要とする人に松明《たいまつ》を掲げて、道案内ができるようになります。それがまた、わが身の喜び、満ち足りたこころになるのです。

生命の道案内人として、私は行に生きる人生を歩んできました。行とは何か、知らない人のほうが多いものです。行とは密教・修験道《しゅげんどう》の修行のことです。深山幽谷《しんざんゆうこく》、通常の人間が訪れることができない山奥の険しい峰や深い谷に入って、作法にのっとった修行をします。あるいは、寺で護摩を焚き、瞑想をします。いずれも、精神を集中して、仏さまの世界の扉を開くのです。

真言密教はお大師さまが開きましたが、その基本は「行」にあります。経典をどれほど読みこもうとも、行を実践しなければ仏さまの世界に至ることはできないと、お大師さまは厳しい教えを遺しています。

「修行は四法の一つ、理の如く修習し作行するなり。身口意《しんくい》の三業《さんごう》に通ず」（『織田仏教大辞典』織田得能、

大蔵出版）

修行を一口で言えば、こうなります。四法とは、教法・理法・行法・果法を言います。経典に学び、教えの理、つまりは作法に従って戒律を実践し、その結果を得る、というものです。

護《ご》摩《ま》行《ぎょう》という行を見たり、体験したことがありますか。ご本尊、ほとんどが不動明王ですが、この仏さまを前に護摩壇で火を焚き、願いを記した木札（添《そえ》護《ご》摩《ま》木《ぎ》）を焼いて祈ります。私の護摩行はたいへん厳しく、また規模が大きいことで知られていますが、燃え盛る炎を目の前にして、全身全霊で真言を繰り、経を唱えて、およそ二時間に及びます。

私の護摩行を見て、現代から昔にタイムスリップしてしまったようだ、と感想を述べた方がいましたが、まさに千年を超える昔を思わせる世界です。しかし、そこに流れているのは、今も昔も変わらないこころの世界です。

現代のスピリチュアルの多くが、静かな瞑想の世界から入っていくようですが、その対極にあるような護摩行もまた、私たちを宇宙の生命の故郷へと導いてくれるのです。

行の苦しみを経て得るのは仏さまの力です。それは、仏さまの慈悲と智慧とが合わさった生きる力です。いわゆる加持祈祷《かじきとう》は、行者が行によって得た仏さまの力を、苦しむ人たちに注いで癒すものです。

行によって宇宙の秘密を知る

行とは強い祈りの方法の一つです。私の寺には日々大勢の方がみえます。病気であったり、悩みを抱えていたり、あるいは気力を失ったりしてみえるのです。そうした方々は、私や弟子たちが護摩を焚いて祈るのに合わせて、大声で真言を繰り、経文を唱えます。どなたも行が終わったら汗がしたたるほど全力で祈るのです。それだけでなく、私に個別に相談したり、私の加持を受けたりする人もいます。

現代は医学・医療が発達して、病気の治療は驚くほど進歩を見せています。そんな時代なのに、人々はなぜ「祈り」に救いを求めるのでしょうか。私はそこに、仏さまの力、宇宙のパワーを感じるのです。

私はスピリチュアルケアの本質を考えるとき、私が日々の護摩行のなかで、苦しみ、悲しみ、悩みを抱えた多くの人を癒し、救ってきたのは、まさにスピリチュアルケアの実践だったと、改めて実感します。日々、厳しい行を正しい作法で積んでいけば、無限に広がる仏さまの力を得ることはできます。しかし密教では、その大きな力を使う者は、正しいこころを持っていなければならないと、教えを伝える弟子について厳しく指導しています。

偉大な力を活かすには、それなりの器を持たねばなりません。それゆえ教えは代々口伝《くでん》とされてきました。密教が「秘密の教え」と呼ばれるゆえんです。密教が「秘密の教え」とされるもう一つの理由は、そこに宇宙の秘密が込められているからです。生命とはどのようなものなのか、密教はその究極の本質を教えているのです。

行はその「秘密」を得る作法です。それだけに精神を鍛え、肉体を鍛えながら、わがこころに積もった三つの毒を消して、生命本来のこころを取り戻すことができるのです。三つの毒とは第二節で触れたように、「貪り・怒り・愚かさ」です。この三つがこころのホコリとなって、仏さまの持つ光をさえぎり、私たちのこころを闇に閉じ込めて、病をつくるのです。

行はそのホコリを取り除く、いわばお掃除の役割でもあります。お掃除した清浄なこころで強く祈ることによって、願いが仏さまに届くのです。自分だけの祈りではなく、人々の祈りを仏さまに届け、仏さまに成りかわって、その大いなる生命力を取り込んで人々に分かつのが行者の役割です。

仏さまと一体になる

近代に入るまでの日本では、仏教と神道《しんとう》が一体になっていることが多かったために、行者は神道系や仏教系に分かれてはいませんでした。明治維新以来百四十年が経ちますが、この間に仏教と神道が分離して存在するようになり、修験道の行者も仏教系と神道系とにはっきり分かれて、今日に至っています。

私は、室町時代から五百年ほども続いた行者の家系に生まれました。生まれたときから行という「祈り」とともに人生を歩んできたのです。私の先祖は代々修験行者として久修練行《くしゅれんぎょう》を積み、真言密教・修験道の正《せい》系《けい》を受け継いできました。

私で真言密教・修験の第十八代目となります。おかげさまで平成二十年までに、真言密教最高秘法「焼八《しょうはっ》千枚《せんまい》護摩供《ごまく》」を九十四回修することができました。平成元年には、一日一万枚ずつ百日間続けて護摩を焚く、前人未到とされる百万枚護摩行《ひゃくまんまいごまぎょう》も成満することができました。そうして得た果法によって、私の寺をお訪ねくださる方々のお役に立っているのです。

私は幼稚園に入る頃には、行者であった父親が子供用に組み立ててくれた護摩行を始めていました。父に背負われて深い山に登り、崖っぷちに座らされて祈ったこともあります。

行は真剣に祈りを重ねることによって、仏さまと一体になるためのものです。どれほどのパワーを得られるかは、体験した者だけが心身で知ることができます。

行は厳しいものです。行の途中で亡くなった修行僧は何人もいます。かつて私の弟子も一人、行のさなかに亡くなっています。私自身若いとき、行のさなかに倒れたことが何回かありました。ゴウゴウと燃える火を間近にして、全身全霊で真言を唱え続けるために、酸素不足に陥るのです。

私が倒れたとき、やはり行者であった私の母・智観尼《ちかんに》が、私の耳元で、「苦しかったら、ここで死ね。行場は行者の死に場所だ」と叫び、その声で私はわれに帰りました。それ以来、行は私の力にこそなれ、行で倒れることはありません。いまも、私は寺にいるときは毎日必ず護摩を焚きます。始めるときには「疲れたなあ」と思うことがありますが、終わるときには気力が充実しています。行によって仏さまの生命力を分けていただくのです。ありがたいことです。

行で養う「同悲のこころ」

私たちの生命は、その源である大日如来から分けていただいているものです。そして、この宇宙にはその生命の力が満ち満ちているのです。密教とは、その宇宙のパワーをいただく教えだ、と言ってもよいでしょう。どこかに出かけてパワーをいただくのではありません。なかなか目に見えず、触れずにはいますが、私たちは私たちの周りに満ちている仏さまの力を、知らず知らずのうちにいただいて、生きる力としているのです。

行は、意識してその力を取り入れて、苦しむ人々に分かち合うためのものです。他人の苦しみや悲しみを自分のものとして感じることを、「同悲《どうひ》のこころ」と言います。行によって苦しみを感じ、「同悲のこころ」を養うことによって、人々の苦しみや悲しみを癒す慈悲の力が得られるのです。

お大師さまの究極の教えが「即身成仏《そくしんじょうぶつ》」です。本来仏さまの子である私たちは、この身のまま仏さまになることができる、という教えです。しかし、この四苦八苦《しくはっく》の世界で、さまざまな煩悩にさいなまれて生きていると、普通の人が即身成仏の境地に達するのはなかなか難しいことです。そこで行者が全身全霊で日々厳しい行を勤めることによって、この身のままで仏さまに成り、仏さまに成りかわって苦しむ人々に仏さまの力を分かつのです。

百万枚護摩行を三カ月かけて達成できたときの満ち足りた思い、それはまさに「仏に成る」至福の瞬間でありました。生命が満ちるということはこのような感覚を言うのだと、私は知ったのです。そして、そこで得た法力によって、いっそうの精進ができているのです。

「こころの病」を加持で癒す

第一節で触れましたが、私たちの病気には、身体の病とこころの病とがある、とお大師さまは教え、生命の奥深い部分が闇に閉ざされているために起こるこころの病の原因はただ一つ「無明《むみょう》」であると説いています。

こころが病むと生きる力が湧いてこないために、身体も病気になります。なぜ、こころが病気になるのかといえば、こころにわだかまりがあって、迷いの世界をさまようからだと、お大師さまは教えるのです。

行によって「仏に成った」行者は、病める人たちに加持を施して、その闇から連れ出す手伝いをするのです。加持とは、その闇で迷うこころの道案内とでも言いましょうか、「はいっ」と言って灯りを手渡すことなのです。

「灯りが欲しいのです」と言って頼ってくる人が、行者の袖にすがりながらも、まだキョロキョロとして視線も定まらず、落ち着かない状態でいたのでは、灯りを渡したとしても、落としてしまったり、灯りが消えてしまったりするでしょう。また、行者がしっかりと灯りのある場所を知っていなければ、灯りを渡すことはできないのです。

仏さまが用意している灯りを、加持を行う行者と加持を受ける人とが、以心伝心のタイミングで受け渡すことができれば、病める人も迷路から抜け出すことができるのです。

お大師さまは、こころの病こそは加持で癒すのだ、と教えます。この、お大師さまの教えは現代にも通じます。こころの病が身体を壊しているのですから、加持によってその人が治そうという意志を取り戻したら、すみやかに医師に治療してもらうように、とアドバイスします。

医学を否定するのは、正しい密教の教えではありません。最近は心療内科など、発想がお大師さまの教えに通じる医療の分野ができてきました。しかし、こころの病を薬だけで治療するのは、どこかに限界もあるのではないか、と私は感じています。

加持によってこころの病を癒すことが、心理学の分野に入るのか、脳科学の範疇に入るのか、これは今後の研究を待つことになりましょう。加持の効能のような「目に見えないもの」を科学の力で解いていってほしい、と私はいつも思っているのです。

自然治癒力を瞬発的に取り戻す

日本は明治七年（一八七四年）に近代的な医療体制の基本を示す「医制」を発布しました。ここで、西洋医学を修めて国家が認めた者だけを医師とすることが定められました。

日本では幕末にオランダ医学、といってもじつはドイツ医学ですが、これが入ってきます。それまでの漢方と違って治癒力が強い医術です。これによって日本の医療はすっかり西洋医学一辺倒になりました。

最近になって、人間が本来持っている自然治癒力に関心が高まり、さまざまな補完代替医療の分野を切り開くことになりました。私は、自然治癒力こそ人間が持つ無限の力ではないか、と考えています。

加持とは自然治癒力を瞬発的に取り戻すものです。加える「加」と、受け取る「持」と、両方のはたらきがピッタリ一致することによって、生命のパワーが響き合うようになり、こころの病もさまざまな苦悩も、癒され治っていくのです。スピリチュアルケアにこの加持の要素を取り込むことができれば、スピリチュアルケアの意味は飛躍的に深まるのではないかと、私は感じています。

『今昔物語《こんじゃくものがたり》』に出てくるお話ですが、帝が持っていた玄象《げんじょう》という名の琵琶の名器が、あるとき盗まれてしまいました。源 博雅《みなもとのひろまさ》という公卿《くぎょう》が都を歩いて探していると、琵琶の音が聞こえてきます。彼は音楽の名手なので、この琵琶が玄象だとすぐわかるのです。音の方向へ向かうと、羅生門《らしょうもん》の上で誰かが名器を奏でていたのです。盗んだのは鬼でした。音楽が好きな鬼というのも、なんだか心根《こころね》が哀しい感じがしますが、盗んだ琵琶を弾いていたのです。

源博雅はよい耳を持っていたからこそ、玄象の音を聴き分けることができたのです。よい耳を育てていないと、せっかくの宝物もわからないということです。ともかく彼は羅生門の下でじっと待ちます。すると、鬼が弾き終わった琵琶をするすると降ろして返してくれました。「めでたし、めでたし」です。

これが西洋だと、鬼に向かって「琵琶を返せ、返さなければ斬るぞ」と言って、戦うことになります。しかも主導権はあくまで鬼にあります。これは心理療法と似ていると、平成十九年に亡くなられた河合隼雄先生からお聞きしました。琵琶を返してくれなければ、返してくれるまで待つという心こそ、こころを病んでしまった人たちに対する治療の姿勢だということです。その河合先生の発想はスピリチュアルケアにも通じると思います。

じつは、その発想は慰霊の姿勢にも通底します。満たされないまま祖国にも、宇宙の故郷に帰れないでいる御霊《みたま》を、私たちはなんとか慰めて癒したいと思います。お国のために戦地に赴き、非業の死を遂げた戦没者の御霊に対して、「どうぞ気持ちを鎮めて、安心してお帰りください」と、温かい心で祈ります。私が世界各地の激戦地跡で慰霊祭を行っているのは、まさにこの気持ちからです。

本来、日本人には、無念の思いをいだいたまま成仏できず、戦地をさまよっている御霊を神様として崇め慰霊する尊いこころがあります。日本人にはそれほどの優しさが備わっているということを、私たちは自覚したいものです。そのこころとスピリチュアルケアのこころは必ず結びつくはずだ、と私は考えています。

宇宙空間のあるがままの姿に思いを

日本人がそうした優しい心情を備えているのは、古来、自然崇拝の中で生きてきたからです。最近はやりの言葉を使えば、「自然との共生」を実践してきたということです。河合先生は、日本人と東洋人の自然観について、「日本の自然はどんな天災に遭おうとも、いっぺんに再生するたくましさを持っている」と言い、「ヒマラヤの山岳地帯から連綿と続いている照葉樹林は、魑魅魍魎《ちみもうりょう》の世界だ」とも言われました。

森というのは微生物がたくさん生息する魑魅魍魎の世界です。特に日本の森には微生物が多く生息しており、危機に瀕している熱帯雨林と比べても、再生能力がたいへん高いのだそうです。だから、日本人にとって守るべき豊かな自然があるということは、「ご先祖さんのおかげ」という言葉に言い尽くされている、と河合先生は言われたのです。

河合先生はまた、こんなこともおっしゃっています。

「ここに木が生えているのも、米をいただくのも、ご先祖さんのおかげです。今の時代はそんなアホなことがあるかというふうになっていると思うんです。どんどんどん大きな木を伐ってる。ご先祖さんというのは、われわれ日本人のご先祖さんもありますけれども、人類のご先祖さん、生物のご先祖さんもみんなあって、今われわれがあるのは自分の力でも何でもないんだ」（『マザー・ネイチャーズ・トーク』立花隆、新潮社刊）

科学者の重みある言葉として、忘れることができません。

「自然」という漢字は「しぜん」と読みますが、「じねん」とも読みます。「自然《じねん》」とは、私たちが生きている、この宇宙空間のあるがままの姿です。

現代は「自然に帰れ」と言い、「自然の中で生きよう」と言い、「自然を取り戻せ」と言います。しかし、あまりに「自然《しぜん》」という言葉が氾濫しすぎて、本来の「この宇宙空間のあるがままの姿」が忘れられているのではないか、という思いにとらわれてしまうこともしばしばです。

この宇宙空間のあるがままの姿に思いをいたすということは、人間をはじめとする生きとし生けるすべての生命が宇宙とつながっているという、真言密教の根本理念に触れるということであり、それこそ密教的スピリチュアルケアの原点である、と私は確信しています。

第二章

「内なる仏さま」と スピリチュアルケアのこころ

それ人間の生身に
仏たるべき心あり
即ち浄菩提心これを指す
なれど煩悩に侵されて
浄らな心消ゆるなり

第一節　加持祈祷の本質とは？

さまざまな加持のかたち

前章で行と加持の意味についてお話ししましたが、加持にはもう少し広い意味もある点にも触れておきたいと思います。

行によって得た仏さまの力を、加持によって苦しむ人たちに分かち合うことが、行者としての私の使命です。加持とは、行者が仏さまの状態となって、受ける人のこころを解放することだ、と私は思います。しかし、加持にはもっと広い意味合いもあります。仏さまはこだわりのない完全に解放されたこころでおられますから、無限の力を持ち、無限の存在なのです。

加持にはさまざまなかたちがあります。

まず「人人加持」があります。これは人と人とが加持感応することです。たとえば、夫婦の間では夫が「加」なら妻は「持」、妻が「加」なら夫は「持」となる間柄が円満の秘訣です。野球やサッカーでも、一つのボールを守ってチームがお互いに気持ちを団結させると、思いがけないパワーが出て勝利することは、しばしばあることです。また、マラソンや駅伝などで、「沿道の声援が大きな力になった」という選手の談話をよく聞きます。それらも一種の「人人加持」なのです。

本来、教育も「人人加持」でなければなりません。教師を「加」とし生徒を「持」とするこころで教育すれば、必ずや生き生きとした教育現場をつくることができるのです。家族も、日々「人人加持」のこころでいたいものです。言葉を大事にし、お互いのおかげを思って暮らしていけば、きっと幸せに満ちた毎日を送ることができるでしょう。スピリチュアルケアの現場でも、ケアをする側と受ける側の間に「人人加持」がはたらけば、双方に満足が得られるはずです。

次に「法法加持」とは宇宙のはたらきです。日月星など天体の運行から、大自然の動物や山川草木の営み、蜜蜂が花粉を媒介することによって花が実を結ぶ成り立ちにいたるまで、この大宇宙、大自然のシステムも加持で成り立っています。「法法加持」がスムーズであれば、自然災害に苦しむことも少なくなります。人間の都合ばかりを優先させると、この「法法加持」がうまく機能しなくなり、干ばつ、洪水、津波に地震、火山の噴火等々の自然災害が起き、大地は荒廃し、人々のこころは打ち沈みます。

「法人加持」もあります。自然と人間との間に成立している加持です。本来は、人間が吐き出す炭酸ガスを植物が吸い、その吐く酸素を人間が吸って生きるのです。これが生命の循環です。しかし、昨今はこの調和が乱れて、人間社会が吐き出す二酸化炭素などの温室効果ガスが地球温暖化の原因となり、いまや南極の氷は音を立てて崩れています。

「仏仏加持」とは、仏さまと仏さまとがお互いに加持し合っている、なんとも贅沢なありようです。多くの仏さまが描かれている曼荼羅《まんだら》をイメージしていただくとわかりやすいでしょう。如来《にょらい》、菩薩《ぼさつ》、明王《みょうおう》、天など一つひとつの尊体がお互いに感応し合って、仏の世界を形づくっているのです。

したがって、曼荼羅に描かれたどれか一尊を拝み、その仏さまを自分のこころに思い浮かべれば、一切の仏さまを感応することができるのです。生命とは、すべてが渾然一体とつながっていながら、一つひとつにそれぞれの個性があり、その個性が輝いて全体の光となっているのです。

最後は「生仏《しょうぶつ》加持」です。曼荼羅の仏さまと迷える衆生《しゅうじょう》との間にも、本来、加持の状態が成り立っているのです。仏さまは大いなる慈悲の世界で、どのように衆生を迷いから救おうかと考えておられます。衆生もまた、救いを求め、仏の道を求めるこころを起こして、仏さまに手を合わせています。迷悟《めいご》はお互いに加持しあっているのです。お互いに影響しあって、生命の世界が成り立っていることを実感すれば、いたずらに生命を無駄にすることはなくなります。

「行者」は世のため人のために生きる

闇に迷うことを知る。すなわち煩悩を知ることが、仏さまと出会う第一歩であり、加持の源流に触れることです。加持をするために、行者は行を重ねて生命のアンテナを磨きます。わが身を仏と自覚するまで一心に行に励んで、仏さまから生命を分けていただいた本質を感得し、これをおろそかにしない心構えを作ることが行の基本です。

私は行者ですからひたすら行に励みますが、行者でなくとも行を重ねている人はたくさんいます。政治家、実業家、音楽家、画家、スポーツ選手、職人、そしてサラリーマンも主婦も、あらゆる分野で、全身全霊で仕事に打ち込み、世のため人のために心底尽くしている人たちは、みな「行者」だと、私は信じています。もちろんスピリチュアルケアの世界ではたらいている人も、「行者」です。私は、生きることは行を知ることなのだ、という信念を持っているのです。

世界にはさまざまな人たちがいます。宗教が違う人もたくさんいます。私はこれまで、ローマ法王ヨハネ・パウロ二世をはじめ、ロシア正教、ユダヤ教、イスラム教など、世界の主だった宗教指導者とお会いし、お互いに世界平和を祈る心で一致して、いっそうの努力を重ねることを誓い合ってきました。皆さまそれぞれの世界で、全身全霊で祈りを捧げておられます。私はそのこころを尊ぶことこそ仏さまの世界なのだ、と思っています。

行は長い時間を費やしたから良い、というものではありません。仏教の寓話にこんな話があります。いつでもどこでも「ナムアミダブツ」と唱えて暮らすお婆さんがいました。朝起きれば「ナムアミダブツ」、お金を数えるにも「ナムアミダブツ」、嫁を叱るにも「ナムアミダブツ」と唱えるのです。

そのお婆さんが死んで閻魔《えんま》さまの前に引き出されます。お婆さんは、私はこんなにたくさん念仏を唱えましたよ、と荷車いっぱいに積んだ「ナムアミダブツ」を見せて、極楽へ行きたいと言います。ところが閻魔さまは、この「ナムアミダブツ」には本心がこもっていない、と言われます。

地獄の番人たちが一生懸命に荷車を探すと、底のほうにキラリと光る「ナムアミダブツ」がありました。それは、カミナリがすぐ近くに落ちたとき、思わず仏さまに「お助けください！」と、虚心になって叫んだ「ナムアミダブツ」だったのです。そのたった一つの真実の言葉によって、お婆さんは極楽に行けた、というお話です。

真実は一つあれば十分なのです。しかし、その真実が何なのか、なかなか気づけないのです。お婆さんはカミナリが落ちたとき、一瞬ですが、仏さまと一体になっていました。仏さまと一体になる、その真実が大切なのです。しかし、お婆さんはそのことに気づかずに、また心にホコリをためて仏さまを見失い、本心のこもらない「ナムアミダブツ」を重ねてしまっていたのです。

「人はみな仏さま、われもまた仏さま」

仏教には顕《けん》教と密教があります。密教を修することによって、顕教では得られない悟りを得ることができると、お大師さまは言います。羽毛田義人《はけだよしと》博士は『空海密教』（春秋社）の中で、「密教のアプローチは即決的」だと説いておられます。それは、顕教では修行が「この世」の時間にとらわれてしまいますが、密教の修行は時間や空間を瞬時に超えるパワーがあるということです。

「いま、ここで」、それが密教の根本教義である「即身成仏」の本質です。お大師さまは難しい教義を創りだしたのではなく、誰もがほんとうに仏に成ることができるのだという真理を、時代を超えても理解できるように、『即身成仏義《そくしんじょうぶつぎ》』という著作を書き残したのでした。

誰もが仏さまに成れるということは、今この世にあるこの身に仏さまがおられる、ということです。「人はみな仏さま、われもまた仏さま」、それが加持の真髄です。そして、行はわが内にある仏さまとの出会いのために行うものなのです。

日々是れ初日――。私たちの肉体は一瞬一瞬、新しくなっています。行は生命の再生であり、産みの苦しみの中から新しい生命が誕生する象徴なのだ、と私は思っています。

行によって、絞っても絞っても吹き出る汗は、この世に生きる苦しみや辛さを身体から運び出してくれます。その汗は吹き出たとたん、お不動さまの灼熱の炎で気化してしまいます。苦しみと汗が体内の「死」を昇華してくれるのです。

行によって身体のすみずみまで細胞がよみがえり、よみがえった細胞によって再生された生命力が、再び生命のネットワークを通じて広く発信されるのです。

生命が再生される喜びを知れば、私心を離れ、我欲を棄てて多くの人々を癒し、救うことができます。生命を大切に思い、より多くの人々の幸せを願うことに一心であれば、苦しみを超えて仏さまと出会うことができるのです。スピリチュアルケアの至上の悦びもその実感にあると思います。

生命のネットワークを感得しよう

行という日々の精進《しょうじん》によって、必ず生命の情報を受け止めることができ、大きな生命の流れの中に発信することができるようになります。生命の情報は宇宙に遍満するエネルギーに乗り、人と人、人と動物、人と植物、あらゆる組み合わせのネットワークによって広がっていくのです。

生命の情報が素直に伝わる社会は、幸せが多い社会であります。憎しみや苦しみ、悲しみによってネットワークが傷ついている社会では、生命の情報もまた傷ついたまま伝わってしまいます。戦いはお互いの生命のネットワークを傷つける行為です。戦いによりネットワークの網に穴があき、やがてはズタズタに破れてしまいます。生命のネットワークが壊れたら生命の情報は伝わらず、ネットワークを結んでいた生命はそれぞれに孤立して、やがては死んでしまいます。

では、どうしたら生命のネットワークを保全できるのでしょうか。多を大切に思うとき、まず一を粗末にしてはならない。それが生命の法則だと私は信じています。

「山川草木悉皆成仏《さんせんそうもくしっかいじょうぶつ》」――。人間はもちろん、動物も植物も、山や川も、生きとし生けるものはみな仏さまなのだ、とお大師さまは説きました。顕教は物質を「非情」のものとしていますが、密教はすべてのものに「情」があり、仏さまとしての生命があると教えているのです。

「物質はすなわちこころ、こころはすなわち物質であり、さわりなくさまたげがない」

お大師さまはそう言っています。すべてのものは仏さまから生み出されたものであり、仏さまそのものである。密教に秘められたこの生命の秘密こそが真理であって、私たちがその真理を知れば、道に迷って闇に沈むことはないのです。

スピリチュアルケアにいのちを燃やす人にとって、この生命の秘密を全身全霊で感得しているならば、仏さまの光に満ち満ちたケアができるに違いない、と私は確信します。

生命の基本は動くこと

脳学者の養老孟司先生は、「脳化社会」という言葉を唱えています。私たちの社会は私たちの脳から生まれたものだ、と言われるのです。

脳化していく社会は都市化でもある、と養老先生は言います。窓も無い職場でコンピュータと向き合って仕事をして、脳だけがめまぐるしくはたらいている社会のことを言っているのだと、私は受け止めました。

コミュニケーション能力の低下とは、身体を動かすことを忘れかけている現象です。身体を動かすことを忘れると、自然に触れることで息づく感覚を忘れてしまいます。

この考え方はお大師さまの思想と同じです。この世に肉体を持って生まれてきたのは、なぜなのでしょうか。肉体という器によって私たちは制限されます。人間は空を自在に飛ぶことはできません。しかし、歩くことによって体験するものがあります。空を飛べないから知恵をしぼって飛行機を考え出しました。手を使い、身体を動かして、モノをつくりあげたのです。

座して考えていると、あらゆることが可能に思えるときがあります。しかし、動かなければ何も実現はしません。瞑想という行も、じつは「動き」です。瞑想しているときには、呼吸のはたらきをこころの底から実感します。呼吸こそ、この世に生まれてきたことを実感する生命の基本なのです。生きることは「動く」こと、行とは動きによって仏さまに還ることなのです。

動くこと、行動すること、これが生命の根本です。「人が動く」と書けば「働く」という文字になります。はたらくというのは、「はた」を「らく」にさせることです。人のこころをもって動くということは、わが身のためではなく、人のために動くことであります。人を癒し、救うというスピリチュアルケアの本質もまた、人のために動くということです。

こうして考えてみますと、動物ではなく人として生まれた生命の意味とは、他のものの手助けをすることができる能力を仏さまから授かったということなのだ、と気づきます。動くということは、ただ身体が動くということだけではありません。口が動けば言葉となります。意志が動けば感動が生まれます。感動を言葉と行動で伝えて、はじめて人は他人に自分の意志を伝えることができるのです。喜怒哀楽という感情の表現は、じつは生命の表現なのです。

行で右脳を活性化する

脳がもっとも大切な器官であることはいうまでもありません。身体、心、意志、どれを動かすにも、脳のはたらきがなければなりません。脳は絶えず動いて、私たちを生かしてくれています。

密教の修行はすべて、自らの身口意《しんくい》を清める三密《さんみつ》修行の奥義をきわめることです。身＝体力をつけ、口＝

言葉を正しく、意＝こころを正しく保つこと。この三つのバランスがとれてこそ、生命は全うされるのです。

身体を動かすことは筋肉を動かすことです。筋肉を動かすとインパルス（電流）が発生して大脳の運動野《うんどうや》に伝わり、ニューロン（神経細胞）のはたらきを活発にさせる、という身体の仕組みがあります。これによって脳に血液が多量に送り込まれます。

行は、身体を極限まで使うことによって脳細胞を活性化させるのです。行者が厳しい行を続けると、脳は活発に動きます。内臓にも大きな刺激を与えて、決して眠くならず思考が冴えわたります。私も若い頃には、何が起きたかと驚いたほど、脳がめまぐるしく回転した経験があります。日頃から体力、気力を鍛えておかないと、行によって脳と体のはたらきがアンバランスになるのを受け止めることができません。

密教では「理論」とともに「実践」を重視していますが、脳科学的に言えば、「実践」の教えとは、右脳、左脳、あらゆる脳の部分を使いなさい、ということでしょう。

かつて私は、右脳のはたらきと行の関係について考察した、『左脳で記憶すると数百倍損をする』（青春出版）という本を書きました。それは、現代人があまりに右脳を使っていないために、社会そのものがアンバランスになってしまっていることに、こころを痛めたからでした。その本の中で、密教の修法とはじつは右脳を活性化させるためのもので、それがＤＮＡを活性化させるのだと書いたところ、大きな反響がありました。

ＤＮＡは、私たちが遠い遠い祖先から受け継いできた生命の情報です。その情報には近い先祖だけでなく、人類として進化する以前からの生命の秘密も入っているのです。そして、右脳は「先祖の脳」なのです。行をしなければ真実のことはわからない、というお大師さまの教えは、このDNA情報の生命の「秘密の庫《くら》」を開ける教えなのです。私たち行者が厳しい行をするのは、その庫の扉を開くためです。

生きる旅は未来に向かっていると同時に、過去への旅でもあります。DNAが持つ情報は先祖がたどった生命の旅でした。右脳を活性化することは、先祖たちが伝える旅の道しるべを教えていただくことであり、そこから生きる力がこんこんと湧き出てくることを知ることでもあるのです。

このように、行によって大きな力を仏さまからいただくことができます。それだけに、行をする者は精神を磨いて、この大きなパワーを使うにふさわしい、大いなる人格を持たねばなりません。

私はいつも、日々行に励んでいるのは行者に限らないと言っています。それぞれの持ち場持ち場で、日々世のため人のために全身全霊を込めて生きている人は、その持ち場を行場として行に邁進する行者なのです。スピリチュアルケアに邁進している人にとっても、ケアの現場が行場です。そこで誠心誠意日々の仕事に励んでいれば、やがて仏さまのパワーをいただき、仏さまに成りかわって救いと癒しを施すことができるようになるのです。

第二節　自分も相手も同じ仏さま

仏さまはわが心中にあり

お大師さまは『十住心論』で、自分だけのやり方や耳で聞いただけの方法で悟っても、それはほんとうの悟りではないと、教えています。たとえば、瞑想を一心に続けていたら平穏なこころになります。しかし、それは悟りにいたるプロセスであって、そこを通過して次の段階に進まねばならないのです。

子供が成長する過程で、自我に目覚めるときと重ねると理解しやすいでしょう。自我に目覚めた安らぎに浸っていたのでは、永遠にほんとうの安らぎに至ることはできません。独りで静かな境地に安住していても、生命はただ活動を停止しているにすぎません。

目覚めた自我を間違いのない道に進ませるには、どうしたらいいのでしょうか。その平安から得た力を持って、大きな欲を持つように、とお大師さまはこころの旅の行く先を示します。

密教では、私たちの一人ひとりが仏さまだと教えます。それが生命の真理です。だからといって、オールマイティの力を発揮するには、それなりの人間性がなければならないとお大師さまは厳しく教えているのです。

お大師さまの言葉をひもとけば、仏さまはわが心中にあり、ということを繰り返し教えています。

「それ仏法《ぶっぽう》遥かに非ず　心中にして即ち近し　真如《しんにょ》ほかに非ず　身を捨てて何《いずく》んか求めん」

お大師さまの『般若心経秘鍵《はんにゃしんぎょうひけん》』で教えて下さっている言葉です。

仏さまの智慧と徳は遠くにあるのではない。われわれは生まれながらに、それらをこのこころの中に具え持っている。仏さまが悟られた宇宙の真理も、私のこの身を離れたところにあるのではない。だから、ほんとうの自分を発見することのほかに、何を求めるというのだ――と教えるのです。

私たちは「この世」に生まれ、また彼岸である「あの世」へと還ります。人生は、その生命の旅なのだ、と私は考えています。この世の人生だけが全てなのではなく、この人生は大いなる生命の旅の一つの道程にすぎない、と思うのです。

そして、目の前に存在する、ありとあらゆるもの全てが仏さまであり、私たちと同じ生命が宿っているのです。

「平等」と「差別」の二つの教え

仏教には「平等」と「差別」の二つの教えがあります。「差別」は「しゃべつ」と読みます。矛盾しているような二つの言葉ですが、じつはどちらも生命の本質を表すもので、決して別のもの、対立するものではありません。

「平等」とは、山川草木悉皆成仏、生きとし生けるものすべてに仏性がある、というものです。私たちの生命の源は大日如来です。あらゆる生命は大日如来から生まれ出て、また大日如来に還ります。大日如来という同じ仏さまからやってきているのですから、どんな生きものでも生命はすべて同じ、すなわち「平等」です。

「差別」とは、一つひとつの個がすべて違うものだということです。大日如来から生まれ出た同じ生命ではありますが、何一つとして同じ生命はありません。姿・形も違います。これだけたくさんの生命が、それぞれに違う形をしているのはなぜでしょうか。生命は一つひとつが結びついてつくられる大きなネットワークだというところに、「差別」の本質があるのではないか、と私は考えています。

生態系を思い浮かべていただくと、わかりやすいでしょう。また、私たちの身体がさまざまな細胞、さらにミクロでとらえれば多くのDNAが集まってつくられていることを想起してください。たった一つで存在するものは、ひ弱です。たくさんのものが集まって存在するところに力が生まれます。並べてあるものより組んであるもののほうが、強くしなやかです。それが、生命の法則の一つであります。

種類が多ければ多いほど、その世界は強くて深いものになります。万華鏡は鏡の中に入っているパーツが多ければ多いほど、さまざまな美しい模様を見せてくれます。一つだけの存在ではなく、たくさんある方が生命は輝くのです。

そこに「差別」の意味が生まれます。ここでいう「差別」とは、どちらかが偉くてどちらかが卑しいという、上下のヒエラルキーはありません。人の存在そのものはみな「平等」なのですから、形やありようが違うということで、軽んじたり、いじめたり、いばったりしてはならないのです。ただ、違うということを認め合って受け入れることこそ、「差別」の原則です。

人はすべて「平等」であるという大原則を認識しながら、自分と病や老いに悩む人の立場の違い、すなわち「差別」を思いやって、温かい心でケアをするところに、スピリチュアルケアのこころがあるのです。

自心とは仏心、すなわち衆生の心

「若し自心を知るは即ち　仏心を知るなり。
仏心を知るは即ち　衆生の心を知るなり」

これは、お大師さまが『性霊集《せいれいしゅう》（巻九）』に説いた一節です。

ほんとうの自分を見極めたならば、わが心は仏さま、すなわち大日如来のこころにほかならないことがわかる。仏さまのこころを如実に知れば、衆生のこころを知ることができる。わがこころ、仏さまのこころ、衆生のこころの三つは、決して別々のものではなく、「一味平等《いちみびょうどう》」です。それを知ることが、すなわち悟りなのです。

一つひとつの生命はみな仏さまですから、生命は尊いものです。人を殺してはなりません。なぜなら、憎い相手もまた仏さまなのです。人を殺すことは、わがこころの仏さまを殺していることになるのです。

スピリチュアルケアの現場においても、相手のこころをかえりみないでケアをすることは、自分の内なる仏さまを無視することと同じになります。内なる仏さまに思いが至れば、仏さまのこころがこもったケアができるというものです。

一般的に、スピリチュアルへの関心は自分探しから始まる、と言われますが、その本質は、自分の中におられる仏さまを探すことなのです。

山のあなたの空遠く、「幸《さいはひ》」住むと人のいふ……。

ドイツの詩人カール・ブッセの有名な詩「山のあなた」（『海潮音―上田敏訳詩集』上田敏訳、新潮文庫より）の冒頭の一節です。この詩のように、私たちは幸せはどこか遠くにあると思っています。そうではない、みなわが内にあります。そう気づくために、私たちは人生という旅路を歩いているのです。

メーテルリンクの童話『青い鳥』。チルチルとミチルの兄妹が幸福の象徴である青い鳥を探しに行きます。しかし、どこにも見つかりません。結局、わが家の鳥かごにいたという話です。仏さまは「青い鳥」と同じく、自分の内にいるのです。

ホーキング博士の「誓い」

私たちは、無限の可能性を持ってこの世に生まれてきます。夢を実現させれば、政治家にも大富豪にも人気スターにも芸術家にもなれるでしょう。しかし、生まれてきた一人の「私」以外のものにはなれません。生命は一人ひとりに宿って、旅を続けるのです。

その変えようのない、かけがえのない私のこころをよく見極めていけば、自分の内に仏さまがいることがわかるのです。お大師さまは、その「私」こそが仏さまであり、こころを磨けばその内なる仏さまと出会うことができるのだ、と教えているのです。

こころを磨くことを、私たちは修行と呼んでいます。修行についてはすでに触れましたが、修行によって「貪り・怒り・愚かさ」の三毒を取り去っていけば、必ず仏さまと出会えます。そして、生命が本来持っている大きな力を授かることができるのです。

正しい作法にのっとって修行を積めば超常の力を得て、さまざまなことを叶えることができるようになります。密教が秘密の教えとされる理由がここにあります。修行で得られる大いなる力を正しいこころで使えるように、教えは秘密にしながら伝えていく。これが密教なのです。

世のため人のために偉大な力を得る作法は後世に伝えねばなりません。しかし、この力を間違ったこころで使えば、逆効果となります。未来を創る大きな力、苦しみの淵から救い出す力は、使い方を知らない愚か者が使ってはならないのです。

英国のホーキング博士が、お嬢さんと一緒に子供向けの宇宙に関する物語を書きました。ホーキング博士はアインシュタイン博士を継ぐ、優秀な宇宙物理学者として知られていますが、難病のため車椅子で生活しています。ホーキング博士の本の『宇宙への秘密の鍵』（さくまゆみこ訳、岩崎書店）というタイトルを見たとき、私は、なんと、これは密教の教えそのままではないか、と驚きました。さらに、本の中にこんな一節が出てくると知って、いっそう驚いたのです。

「わたしは、科学の知識を人類のために使うことを誓います。わたしは、正しい知識を得ようとするときに、だれにも危害をくわえないことを約束します。

わたしは、まわりにある不思議なことについての知識を深めようとするとき、勇気を持ち、注意をはらいます。わたしは、科学の知識を自分個人の利益に使ったり、このすばらしい惑星を破壊しようとする者にあたえたりすることはしません。

もしこの誓いを破ったときは、宇宙の美と驚異がわたしから永久にかくされてしまいますように」

これは、主人公の少年がたいへん進んだコンピュータと出会ったときに、最初に誓う言葉です。

密教の教えも、世のため人のために使うために学ぶものであり、その偉大な力を邪悪な目的で使ってはならないという、厳しい戒律があります。

自分を知るための道は、仏さまと出会ったことを、どのように生かして生きるか、ということにつながります。

ホーキング博士は、「人間原理」ということを唱えています。私という存在があるから宇宙を認識できるわけであり、一人ひとりの意識がそれぞれに宇宙についてのイメージを持っています。そのイメージを共通認識とするために、言葉があり、情報や知識という絆が必要なのだ、と私は考えています。

二〇〇八年の三月、火星に塩が存在することがわかった、とアメリカのＮＡＳＡが発表しました。三十五億年ほど前の火星には水があった証拠だそうです。事実だとすれば、水が枯れたことによって火星は砂漠の星と化したことになります。まるで、地球の未来を教えてくれるような発見です。

私たちの身体は宇宙からやってきた塵によってできた、というのが定説です。これから宇宙と生命の謎は、だんだん解き明かされていくと思います。しかし、それは今の科学の範疇では、あくまでも「見えるもの」としての生命であり、身体です。

第三節　人間と仏さまをつなぐ「識」

生命をつくる「六大」の絆

お大師さまは、私たちは六つの要素によってできていると教えます。古代から密教で教える「地・水・火・風・空」の五大《ごだい》に「識《しき》」というものを加えて、「六大《ろくだい》」を説いたのです。六大とは「六つの偉大なもの」という意味ですが、この六つを生命の要素としたのです。「識」とは意識の「識」の文字で表現しますが、意識というだけではなく、もう少し奥深いものです。

「地大」のように堅固な強さ、「水大」のように柔軟性を持つ優しさ、「火大」のように凍えた生命をほぐす温かさ、「風大」のように自在に動く素直さ、「空大」の闇をも照らす明るさ、そして「識大」のようにあらゆるものごとを受け入れる無限の偉大さこそ、生命の本質なのです。

これらの六大はそれぞれがバラバラに現れるのではありません。溶け合いながら生きているのです。一つひとつはみな違う形態を持っていて個別の特性がありますが、仏性《ぶっしょう》という一つのものとして現れています。それが生命です。それぞれが違う性質を持っていながら、しかし六つは溶け合って一つの生命をつくっているのです。

たとえば、家族を考えてみましょう。最近は、家族の形態がずいぶん変わってきましたから、子供の頃に遊んだ「家族合わせ」のようにはいきません。お父さんとお母さんがいて子供がいる。お祖父さんやお祖母さんも一緒に暮らしているかもしれません。叔父さんや叔母さんが一緒にいる大家族もいます。お父さんと子供、お母さんと子供、お祖父さんやお祖母さんと子供という家族もあります。

血縁ではなくても、家族として暮らしている人たちもいます。一人暮らしだって、じつは心の中で「家族」と暮らしているのです。亡くなった両親のことを思いながら暮らす人がいれば、亡くなったり離別した伴侶を思いながら暮らす人もいます。子供のことを思って生きている人もいれば、ペットを家族にしている人もいます。

「地・水・火・風・空」をつなぐ「識」

家族それぞれに役割があって、「地・水・火・風・空」の性質を表します。誰かがいつも同じ役割だとは限りません。大地のような安定感をみんなに与えているお父さんが、リストラに遭って失業したら、お母さんが大地のようになることもあります。癒したり、元気づけたり、それぞれに融通無碍《ゆうずうむげ》にお互いを思いやって暮らしているのが家族なのです。

時にぶつかり、憎むこともありますが、生命の根底ではつながっているのです。嫌だと言っても、親子は親子です。どこかでつながっているのです。ただＤＮＡでつながっているのではありません。たとえ血がつながっていなくとも、家族として生きることはつながることです。憎み合っても心のどこかで求め合い、許し合っている「絆」があるのです。

「六大は無碍《むげ》にして常に喩伽《ゆが》なり」（『即身成仏義《そくしんじょうぶつぎ》』）

喩伽は溶け合うことです。生命の世界は切り離すことができない状態で存在しているものであり、一つひとつを切り離して語ることはできないものだ、とお大師さまは説いています。「識」とは、仏さまと私たちをつなぐものだ、と私は理解しています。お大師さまがあえて五大に「識」を加えたのは、ご自身の膨大な知識に、激しく深い行を重ねたことで得た「答」だった、と私は受け取っているのです。

五つの要素をつなぐ「識」こそが、自分という存在の核になるものです。自分のこころを見つめることは、見えない自分を知ることでもあります。見えない「陰」がいつも自分に寄り添って生きています。こころを知れば、自分を支える「陰」が見えてきます。自分を磨くことによって、陰も表も一つの自分として理解できるようになります。それが、わが内なる仏さまと出会うことなのだと、私は理解しているのです。

厳しい修行の果てに確信する「識」

「爰《ここ》に一《ひとり》の沙門あり」（『三教指帰《さんごうしいき》』）

お大師さまは大学で刻苦勉学していたときに、たまたまある一人の修行者と出会います。その人物から秘法「虚空蔵菩薩求聞持法《こくうぞうぼさつぐもんじほう》」を授かったのが、密教への扉を開くきっかけになりました。密教の仏さまである虚空蔵菩薩を祀《まつ》り、その真言「ノウボウ　アキヤシヤギヤラバヤ　オンマリキヤ　マリボリソワカ」を百万遍唱える修法です。「一切の教法の文義暗記することを得る」という一種の記憶法ですが、大変な苦行です。

お大師さまは、この秘法を四国の阿波大滝嶽によじのぼり、土佐室戸岬で修しました。

八千枚護摩行を重ねている私も、昭和四十五年に略式ながら三十日ほどかけて「虚空蔵菩薩求聞持法」を達成しましたが、通常は一日二万遍ずつ五十日間かけて行います。私の息子の豪泉《ごうせん》は二回、この求聞持法を成満していますが、国見山中の崩れかけた山小屋に泊まり込んで修しています。

お大師さまは、おそらく幾度となく求聞持法を修されたことでしょう。野にあってひたすら虚空蔵菩薩の真言を唱え続けるのですから、千二百年も昔の深山や人家のない岬の洞窟での修行が、どれほど厳しいものであったか、想像を絶するものがあります。虫が身体を這っても、風雨にさらされても、雪が降り積もろうとも、印を結び、声を限りに虚空蔵菩薩の真言を唱え続けるのです。

お大師さまの生命は宇宙と溶け合い、ついには虚空蔵菩薩の象徴である金星が口の中に飛び込んでくるという、衝撃の神秘を体験されたのです。「識」という生命を構成するもう一つの要素を、きっとこのときに感じ得たのだと、私は信じています。

経典に説かれる五大と溶け合う、もう一つの「何か」が生命にはある。お大師さまは仏さまと一体になるときに得たその確信を探求し、「識」を発見されのだと思います。この人のこころと仏さまをつなぐ「識」を感得し、仏さまの子である人同士の一体感を持つことこそ、スピリチュアルケアの土台ではないか、と私は感じています。

人格を磨き、こころを大きく育てる

見たり、触ったり、聞いたり、味わったり、匂いを嗅いだりする感覚のほかに、理性では捉えられないものを感じることを、「ひらめき」とか「第六感」とか言います。無意識のうちに感じる感性が、私たちに具わっていることは、誰もが認識しています。

最近になってようやく、宇宙と自分とをつなぐ「何か」がある、という考えが広まってきたような気がしますが、その無意識のうちにあるものを「識」と呼ぶのだ、と私は説いているのです。

目に見えない「識」を言葉で語るのは、とても難しいことです。白川静《しらかわしずか》先生が編まれた『字統』（平凡社）によれば、「識」という文字は、「戈《ほこ》に呪符《じゅふ》としての標識をつけている」ことを表している文字だそうです。呪符であると知れば、武器としての効果がいっそう高まるわけです。呪符を付けていれば、神仏に守られているという自信を持って戦うことができます。そして、お互いの呪符を取り除こうとして戦うのです。

また「識」とは知ることであり、認めることであり、悟ることだ、と『漢和辞典』にはあります。識別は識《し》って区別すること。常識は常に識っていること。意識とはこころで識ることです。無意識とは超意識と言ったほうが正確なのかもしれません。

「識」とは、見えず、聞こえず、感じず、考えもせず、しかし、確実に私たちの行動を決めているものだと、私は考えます。

「識」を知るために、わが内なる仏さまと出会うために、どうすればいいのでしょう。行だけをすればいいのではありません。人格を磨き、こころを大きく育てることが大事だ、とお大師さまは説きます。一人ひとりの人間がこころを大きく育てる社会は、国が安定する基本です。

お大師さまは平安時代の初期に、このような考えに基づいて一般庶民にも門戸を開いた私立学校・綜藝種《しゅげいしゅ》智院《ちいん》を創りました。そして、密教だけでなく学問を総合的に学びなさい、芸術も大切なものだからしっかり学びなさい、と学校の基本理念を説きました。知識を知るのが左脳のはたらきなら、感性を深める芸術は右脳のはたらきでしょうか。片方だけではほんとうの智慧は身につかず、中途半端な人間を育ててしまうことを、お大師さまはわかっていたのです。

「識」の領域に入る文化

二十一世紀は文化の時代になるだろう、と予測されています。文化はこころの栄養だ、と私は説いています。現代日本人のこころがこれほど荒廃してしまったのは、文化をなおざりにしてきたからだと説く人もいます。私は、文化こそ「見えないもの」の象徴だと考えています。文化とは、文化財や芸術作品のことではありません。それらはまさに「生み出すもの」から「生み出された」作品です。文化とは、芸術を生み出そうとする目に見えないもの、つまり「六大」の「識」の領域に入るものです。

衣食が足りただけでは決してこころの満足が得られません。かえって物にあふれる中で精神の寂しさが募っていくのです。

絵を描くのは、目で見る風景や物や人を、ただ正確に写し取るだけではありません。描く人間の感情や理性によって感じ取られた「生命」を写し取っているのです。

目に映るものを再現するのは「識」のはたらきによる、とお大師さまは説いています。絵だけではありません。究極の写実表現である写真も同じことです。

一昨年になりますが、盲学校の生徒たちがカメラを持って撮影した写真集『子供は天才！』（STUDIO DEBO）が刊行されました。彼らは音を聴いてシャッターを押すと言いますが、どれもいい写真です。電車が好きな少年は、電車が踏み切りを通過する瞬間に、その音を聴いてシャッターを押します。鳥を撮った少年は、空に向かって鳴く鳥の鳴き声が聴こえた瞬間をとらえてシャッターを押した、と言います。

盲学校の生徒たちは、六感を駆使し、五大に響いた感性を「識」によってまとめて表現するのだと、私は考えています。これこそ「識」がとらえた映像だ、と私は生命の可能性に感動しました。

科学は原則として、「見えないもの」や「実証できないもの」を排除します。しかし最近は、こころはどこにあるのか、どのようなものなのかを、脳学者たちが研究するようになりました。茂木健一郎さんは、「自分自身の本体であるこころ」と言っています。そのこころの器を「脳」とするのです。最近の脳学者の人たちの研究トレンドですが、自分の本体はこころであるという視点こそ、お大師さまが説いた「識」と通底するものだ、と私は科学と密教の重なりに改めて注目しています。

「識」が真理の扉を開く

「こころを大切に」などというと、どこか新しい時代の言葉のように聞こえますが、お大師さまは千二百年も前に、こころについてたくさんの教えを説いていたのです。「識」こそ「こころ」そのものの教えと言ってもいいでしょう。

「体あるものは、まさに心識を含み、

心あるものは必ず仏性を具す」（『拾遺雑集《しゅういざっしゅう》』）

こころとは仏さまそのものです。「山川草木悉皆成仏」というとおり、生命あるものはみな仏さまだと感じとれる感覚が、こころの手ごたえです。私たちが目には見えないけれど、確かに持っていると感じているこころは、私たちが日々生きている証《あかし》であるさまざまなはたらきのまとめ役であり、仏さまからいただいた生命そのものである、と言ってもいいでしょう。

こうして、こころを磨きながら毎日を大切に生きていくと、いつの間にか願いが叶うようになっていきます。願いが叶うのは、仏さまを見つけることができ、その力を発揮して生命の真理へ扉が開かれたからです。その扉を開く力が「識」です。基礎学問を超えて真理に至る勘こそが、「識」のはたらきです。

しかし、「識」をはたらかせる方法を知らない人が多いのです。とかく世の中には、あの人は専門の学問を学ばなかったからとか、一流大学を出ていないから知るはずもない、と決めつけてしまう人たちがいます。それが社会のそこここに壁を作って、真理に至る道をふさいでしまいます。

この壁を思いっきり越えてしまうと、そこに真理が見つかることがあるのです。これまでの歴史で、偉大な発明をしたり開発をしたり発見したりした人には、こうしたケースが少なくありません。お大師さまが出世コースの大学を辞めて出家し、修行の道に入ったのも、真理へのジャンプでした。

「識」をはたらかせ、真理に向かってジャンプすると、スピリチュアルケアという仕事の素晴らしさを全身全霊で理解できて、内なる仏さまを輝かせることもできるようになります。それがケアを受ける人にも通じて、そこにこころとこころが通い合う、温かな癒しと救いが生まれてくるのです。

壁を飛び越える力になるのが「識」です。「識」はこころの力の源泉なのです。「識」を磨けば、天才でなくとも、生命の真実を見つけることができます。こころの力を強くして、自ら幸せな人生を歩いていくことができるようになるのです。

恐れのないこころになるために

「識」の力を高めるためには、脳のトレーニングも大切ではないかと思います。感性を磨くことによって、「識」の力が高まると思うのです。

人間を人間たらしめているのが前頭葉ですが、ここでは「抑制」という機能がはたらくのだそうです。カッとなる怒りを抑える。暴力的な行動を抑える。そんなはたらきを持つことができたからこそ、人類はここまで生きて繁栄することができたのです。

むやみに力を浪費しないで、ともに生きる道を学べば、社会は落ち着いたものになるはずです。しかし、弱肉強食の世界では、いつも不安を抱えて生きていかねばなりません。恐れを鎮めるために「こころの力」を浪費してしまい、「識」のはたらきがなかなかできないのです。無心になるということは、恐れのないこころになることです。どうしたら恐れのないこころになれるのでしょうか。祈りを続けること、こころを磨き続けること、と私は説いています。

私の母・智観尼《ちかんに》の驚くべき「超能力」は、まさに一心に祈り続けた結果でした。「継続こそが行だ」、それが母の信念でした。母の行は、亡くなる少し前まで続きました。午前零時から夜明け近くまで読経し、午前四時に浜に出て水を汲んで、また祈ります。祈って祈って祈って、みな人のために祈りました。

「行をして身とこころを仏さまのいらっしゃる宇宙におけば、それはそれは美しいダイヤモンドがいっぱいあふれているのが見える。世間的な小さな欲があると、それを見ることはできない」

母はそう私を諭したことがありました。近年になって、宇宙の彼方にダイヤモンドでできている星が発見されたと報じられました。母は霊感の強い行者でしたから、私たちの肉眼では見えない宇宙の彼方までをも見ることができたのかと、私は若い日に聞いた言葉を思い出したものです。

「宇宙はダイヤモンドや宝ものであふれている」「仏さまの言葉を聴くことができる」とも言っていました。初心に還って母の教えを実践しようと、私は毎朝誓って一日を始めています。

スピリチュアルケアは病んだ人、悩みを抱えた人たちを相手にする仕事であり、決して単純な仕事ではありません。つらいこと、苦しいこと、悲しいことが、ふつうの仕事より多いだろうと思います。しかし、母・智観尼の「継続こそが行だ」という言葉を借りれば、「継続こそがスピリチュアルケア」です。祈り続け、こころを磨き続けて、世のため人のためを思って、日々ケアに邁進していけば、恐れのない強いこころができ、きっとダイヤモンドにあふれる宇宙が見えるはずです。

第三章

スピリチュアルケアに生かす「般若心経」のこころ

夜空に遠く夢を呼ぶ
星がキラキラ照るように
心の星を照しましょう

第一節　「般若心経」の縁起

『西遊記』の人気の秘密

お大師さまは「般若心経《はんにゃしんぎょう》」という尊い経典を説くために、『般若心経秘鍵《はんにゃしんぎょうひけん》』（以下『秘鍵』）という著書を残しています。この著作で説かれているエッセンスは、まさに仏さまと感応する「般若心経」ともいうべき世界です。

お大師さまは、この経典に込められた偉大な力こそが生命の秘密なのだと信じて、タイトルを「般若心経の秘密の鍵」と名づけました。「般若心経」に秘められた大いなる力は、お大師さまが言うところの「こころの病」を癒し、災難から守ります。

もともとこの経典が編まれたのは、二世紀のインドにおいてだといわれます。インドから中国に移入されたのは、四世紀に中央アジア出身の僧・鳩摩羅什《くまらじゅう》が翻訳したものと伝えられており、その後、七世紀に玄《げん》奘三蔵《じょうさんぞう》が翻訳したものがよく知られています。

玄奘三蔵は、『西遊記《さいゆうき》』でよく知られた唐の僧侶です。三蔵法師《さんぞうほうし》の名で親しまれ、孫悟空《そんごくう》、猪八戒《ちょはっかい》、砂悟《さご》浄《じょう》をお供に、唐からシルクロードを通ってインドに入り、何年もかけて数多《あまた》の経典を持ち帰り、翻訳しました。

その足跡は『大唐西域記《だいとうさいいきき》』などに記録されています。玄奘三蔵の活躍を描いた冒険小説『西遊記』は、いまも日本や中国で人気を呼んでいます。

平成十九年（二〇〇七年）上梓《じょうし》された平岩弓枝さんの『西遊記』（毎日新聞社）は大変読みやすくて、心に沁みると評判です。

「師は勇気を知った。弟子は思いやりを学んだ」

この本の宣伝文にこんな言葉がありました。師とは三蔵法師のこと、弟子とは孫悟空のことです。私はこの短い文章が『西遊記』の人気の一端を物語っているのだ、と気づきました。

孫悟空は石から生まれた暴れ猿です。たいそう力はあったのですが、肉親の愛情を知らずに育ち、短気で強情な性格になっていました。大変な暴れ者で、天界で大暴れをしたために、五百年もの間、岩山に閉じ込められました。その勇気と真っ直ぐな性格とを、観音さまが見抜いていて、三蔵法師の供としたのです。旅を進めるにつれ、孫悟空は師である三蔵法師の深い優しさに心を癒され、ほんとうの強さを身につけていきます。

師である三蔵法師は学究肌のお坊さんでしたが、向こう見ずながら正義感の強い孫悟空の勇気と行動力に感化されて、困難な状況に立ち向かうのです。

『西遊記』の物語は、三蔵法師と孫悟空ら弟子たちがお互いに感化し合いながら、こころを成長させていくストーリーなのです。その主人公たちのこころの成長とともに、読者のこころも大きく育っていくのです。そして、三蔵法師すなわち玄奘三蔵が人々を癒すのは、その信仰心の根底に「般若心経」があるからです。

ライ病の老僧を治した玄奘三蔵

玄奘三蔵が「般若心経」と出会ったときの説話が伝えられています。私はこの説話こそ、お大師さまが説く「こころの病」を取り除くという、祈りの原点を教えているものだと考えています。

時は世界帝国として繁栄を誇っていた唐の玄宗皇帝の時代です。皇帝は不空三蔵をはじめ密教への帰依が深く、僧侶を尊敬していました。玄奘三蔵は早くから、その才能を高く買われていました。もっと仏教を究めたい、そのためにはインドへ行って学びたい。玄奘はそう願い出ますが、皇帝は許しません。玄奘はとうとう密かに都の長安を抜け出して、西域へ旅立ちました。

しかし、その旅は苦難の連続でした。砂漠を渡り、峻険《しゅんけん》な山を越え、猛獣に襲われ、風土病で弟子たちの生命を奪われ、試練に次ぐ試練が玄奘に襲いかかりました。

とうとうお供の弟子が誰もいなくなって、玄奘はたった一人でケビン国に入っていきます。ようやく人が住む土地にやってきたというのに、そこには大きな川が流れていて橋もありません。玄奘が途方に暮れていると、川上から屋根板が一枚流れてきました。川上には人が住んでいるのかと、玄奘はうれしく思い川に沿って歩きはじめました。

しかし、行けども行けども、小さな村さえありません。ついに山の中に入ってしまいました。玄奘はあきらめずどんどん歩いて行きます。しばらく行くと、荒れはてた寺がポツンと建っています。思わず駆け寄って中に入ると、奥で人のうなり声が聞こえます。おかしいと思いながら、玄奘が声をかけます。そこにいたのは、ライ病にかかった年老いた僧侶で、一人で苦しんでいたのです。

ライ病は現代では治療薬もあって治る病気ですが、つい最近まで、大変恐れられていた伝染病でした。紀元前からあった病気で、イエス・キリストの話にもよく出てきます。患者は隔離され、差別されて生きねばならない、つらい病気でした。

玄奘はそんな病気を怖がることもなく、すぐに枕元へいって様子をみました。そして、しばらくこの寺にとどまり、老いた僧侶を看病することにしたのです。持っていた薬を飲ませ、祈祷をしながらこころを込めて看病したところ、不思議にも老僧の病気が全快しました。

「般若心経」の霊験

すっかり安心した玄奘が、ふたたびインドへ向かって旅に出ようと思い、老僧に別れを告げますと、老僧がこう言います。

「長い間、ほんとうに親身もおよばぬ介抱をしていただいて、お礼のしようもありません。あなたがおいでにならなかったら、私は死んでいたことでしょう。生命を助けていただいたお礼に、私が長年にわたって秘蔵してきたありがたい経文を差し上げます」

そう言いながら老僧がふところから取り出したのが、サンスクリット語で書かれた「般若心経」の原本だったのです。

「ありがとう」と素直にこの経典を受け取った玄奘は、やがて無事にインドに到着しました。ところが、ガンジス河のほとりを通りかかったとき、突然まわりにいた大勢のインド人に捕まって、いきなり縛りあげられてしまいます。

いったいどうしたことかと、玄奘はわけをたずねると、彼らはバラモン教の一派の信者で、毎年恒例のお祭りには生きた人間を捕まえて、ガンジス河に生贄《いけにえ》として捧げる習慣があるのだと言います。ちょうど、その日に玄奘が通りかかり、異国の人間だから都合がよいと、生贄にされることになってしまったのです。

「それでは犠牲になってあげよう。私は中国の僧侶だが、一つだけ聞いてほしいことがある。私の最期を飾るためにお経が読みたいから、その間だけ待ってほしい」

こう願って許されると、玄奘は老僧からもらった「般若心経」を取り出して、声高らかに三度繰り返し唱えました。すると、一天にわかにかき曇り、急に大風が起こり、竜巻のような砂ぼこりが舞い上がりました。これを見ていたインド人たちは、これはただの人ではない、こんな偉い人を殺してしまっては神の怒りにふれるだろうと恐れ、玄奘の縄を解いて深く謝罪したのです。

玄奘はここではじめて「般若心経」の霊験《れいげん》を知ったのです。そして、こうしたご利益《りやく》を受けることができたのも、あの老僧のおかげだと忘れずにおり、やがて帰国するときに、もしやと老僧の寺を訪ねますが、何と老僧はもちろんのこと、山寺の痕跡さえもなかったのです。老僧は仏さまの化身《けしん》だったと伝えられています。

これは伝説です。実際にはインドで学んでいるときに、この尊い経典に出会ったのだと思います。

仏さまの加護があった玄奘三蔵

玄奘三蔵と「般若心経」との出会いが、誰もが逃げ出すライ病の老僧から伝授された逸話として語り継がれているのは、究極の救いとは病気の治癒であり、こころを込めた看病にあるという教えなのだと、私は考えています。

究極の救いである治療や看病が霊験あらたかな「般若心経」の入手につながったというエピソードは、医療や介護の現場でスピリチュアルケアに携わる人たちに勇気を与えるのではないでしょうか。加えて、看病されたライ病の老僧も救われ、「般若心経」を譲られた玄奘三蔵も救われているのです。ケアを施した側も、施された側も、同じように癒され救われる。私はそこに、スピリチュアルケアの象徴的な姿を見る思いがします。

そして、インドへの苛酷な旅を生き延びて、膨大な経典を持ち帰り、その翻訳という偉業を成し遂げた人物が実在したということが、仏さまのご加護を物語る何よりの証《あかし》だ、と私は思うのです。

記録によれば、玄奘は旅立ってまもなく、広大なタクラマカン砂漠で迷い、四日間も水もないまま、愛馬とともに砂漠をさまよいます。やがて意識もなくなりますが、愛馬と天からの声に導かれ、ようやくオアシスに辿り着きます。太陽をさえぎるものもない砂漠に、水も飲まずに四日間もいれば、普通なら死んでしまうところです。

「おそらく灼熱の砂漠を横断しているときに、彼は熱中症になり死線をさまよったのだろう。それが誇張されて記録されている」

このように指摘しているのは、『旅と病の三千年史』（文春新書）の著者、濱田篤郎《はまだあつお》氏です。この本によれば、玄奘はこのあとで標高四千メートルもの天山山脈《てんしやん》を越えます。往路では身体の苦痛は記録されていませんが、帰路も同じような標高のパミール高原を通って、強い頭痛に悩まされたことがわかっています。これは高山病だろうと、濱田氏は書いています。そして、帰国してから周期的に発熱していたとあるのは、おそらくインド滞在中にマラリアにかかっていたからではないか、とも述べています。

現代医学の視点から玄奘三蔵の旅を読み解くと、このようなことがわかるのです。玄奘が砂漠で死線をさまよったのが、たとえ熱中症の誇張であったのだとしても、誰も助けてくれない砂漠をさまよい、よくぞ生命があったと思います。玄奘には仏さまのご加護があったのです。

今でも、九死に一生を得た人の奇跡が時々ニュースになります。生死には人間の考えが及ばない不思議さがあります。苛酷な体験をしながら生死を乗り越え、仏教の東漸《とうぜん》に大きく寄与した玄奘三蔵は、仏さまの大いなる力をいただいたに違いない、と私は信じています。

インドに七年滞在した後、また苦難の道とわかっていながら、ヒマラヤに連なる峻険な山脈《やまなみ》を越え、生きものが通わないと言われる砂漠を歩いて、玄奘三蔵は帰国します。どれほどの勇気を必要としたことでしょうか。いや、玄奘は仏さまを信じて、必ず帰国できると信念を持って、帰国の途についたに違いないのです。

「一心」の教え

「身を捨てる覚悟」という言葉がありますが、身を捨てることさえ考えないで飛び込む「一心」の思いこそ、玄奘三蔵がこの偉業を成し遂げた原動力でした。何としても唐の国に仏さまの教えを広めたいとの一心で、玄奘は西域に旅立ち、何としてもインドに行き着かねばとの一心で、不毛の砂漠を生き延びます。何としてもと、玄奘はわが身の安全を顧みずに前へ前へと進んで行きました。「般若心経」と出会い、このお経に助けられた説話は、この「一心」の教えを物語る象徴だと、私は解釈しています。

ライ病の僧侶をただただ助けたい。その一心が「般若心経」をもたらしました。さらに「それで人々が救われるなら、祭りの生贄になるのも致し方ない」と覚悟を決め、その前にもう一度「般若心経」を唱えたいという一心の思いが、天に通じて解放をもたらしたのです。

一心に願うこと。それが宇宙の扉を開く秘密の鍵だと、お大師さまは教えます。

「一心の仏、諸法を鑒知《かんち》す」

これは『十住心論』の第九で説くお大師さまの言葉です。「澄み切った水が万象《ばんしょう》の影を映ずるように、迷わない一心の仏さまはすべてよくわかっておられる」という意味です。

あれこれ思い煩い、あるいは理屈を先行させて行動するのではなく、ひたすら願いのままに行動するところに、奇跡は生まれるのだ、と教えているのです。奇跡というのではなく、生命とは本来そのようなものだ、とお大師さまは教えているのです。

スピリチュアルケアの世界でも、あれこれ思い煩ったり、理論と現実の乖離《かいり》に悩んだりすることがあるはずです。しかし、思い悩むことより、ケアを受ける人のためを思って、一心にケアに邁進することです。そうすればおのずから道は開けるでしょう。

一心とは、あるがままの自分になっている状態です。願いのままに行動すると、扉が開きます。その願いは自分の小さな願いであってはなりません。世のため人のために一心になってこそ、立ちふさがる障害を越えられるのです。

行とは一心になることです。苦しくとも辛くとも、一心に護摩を焚く。途中で中断すれば、初めからやり直しです。それは、もっと、もっと苦しいものです。炎に負けないで向かっていくのが一心なのだと、私もいつしか思えるようになりました。炎に負けない自分を見つけたとき、仏さまに願いが届いていることを知るのです。一心とは「空」に通じる生命の真実なのだと、私は思えるようになりました。

第二節　見えないものを見る「色即是空」のこころ

こころを説いたお経「般若心経」

「空」を語り尽くしているのが「般若心経」です。文章はわずか十四行、二百六十二文字。この中に、宇宙の真実が語られているというのですが、いったい何が書かれているのでしょうか。

「般若」とは、サンスクリット語あるいはその俗語形のパンニャー語の音訳で、「仏さまに至る真実の智慧」という意味です。ここでいう智慧とは単に知識を集積した知恵ではなく、叡智とでも言いましょうか、意識・無意識を問わず、仏さまの教えです。その中でも般若は完成された最高の智慧を表します。

能面の般若は恐ろしい鬼の形相をしています。どうして鬼女の面を般若と呼ぶようになったのか、確かなところはわからないようです。

仏教学者の故中村元先生は、「奈良の般若坊という面打ちが作りはじめたということで、鬼女の面が般若とよばれるようになったという」（『仏教語源散策』（東京書籍））と述べています。

「逆境は智慧」という教えがあります。仏さまの智慧は衆生にとってはやさしいものではありませんが、厳しい逆境体験があったからこそ、その後の人生が開けるというのは、生命の法則です。

悟りに至るこころを説いたお経だから「心経」というのです。

「佛説《ぶっせつ》　摩訶般若波羅蜜多心経《まかはんにゃはらみたしんぎょう》」

お題目の「摩訶」は「摩訶不思議《まかふしぎ》」などとも使われますが、大きいこと、多いこと、すぐれたことを表現しています。

お大師さまが『秘鍵』で説いたのは、まさに非科学的な話でもなければ、とりとめもない想像の産物でもありません。宇宙の真理を、当時の言葉で伝えようとしたのです。読むほどにその思いが強まります。

「般若心経」を全力を挙げて、ひたすら唱える。繰り返し繰り返し、唱えていくうちに、そのパワーが仏さまに通じて、驚くほどの奇跡を感得することができます。

お大師さまは「般若心経」を大いなる真言であり、「呪《じゅ》」だと教えました。「般若心経」は「大般若経《だいはんにゃきょう》」を短くまとめたものだという説がありますが、それは違うと、お大師さまははっきり言っています。六百巻にもおよぶ「大般若経」では書きつくせなかった教えのほんとうのエッセンスが、じつは「般若心経」にある、というのです。

「般若心経」を唱えてみると、とてもリズムがあることがわかります。まずは意味を考えずに、声に出してどんどん読んでみてください。もう経典を見なくとも唱えられるようになったら、言葉の意味を学んでもいいでしょう。

衆生の苦しみを観る観音さま

お大師さまの『秘鍵』に沿って少しずつ説明します。

「観自在菩薩《かんじざいぼさ》　行深般若波羅蜜多時《ぎょうじんはんにゃはらみたじ》　照見五蘊皆空《しょうけんごうんかいくう》　度一切苦厄《どいっさいくやく》　舎利子《しゃりし》」

観自在菩薩は観音さまのことです。仏さまの中でも、とりわけ広く親しまれているのが観音さまです。人々が苦しんでいるとき、「観音さま、助けて下さい！」と、真剣に観音さまの名を唱えて救いを求めると、必ず願いを聞き届けてくださいます。

救いを求める声を観て助けにきてくださるので、「観世音菩薩《かんぜおんぼさつ》」と言うのです。あらゆる願いを自在に聞いてくださるので、「観自在菩薩」とも言います。

観音さまは、私たちが助けを求めているとき、「南無観世音菩薩」と唱えている声（音）を聴きながら、苦しみそのものを観てくださっているのです。

菩薩とは悟りを求めて修行する人です。道を求めて生きる人、と言ってもいいと思います。あらゆる願いを自在に聞き届けることができる仏さまでありながら、修行する人「菩薩」とされるのは、苦しむ人すべてが救われるまで、私たち人間と仏さまの世界とを結ぶ存在でいよう、という誓いを立てておられるからです。

「音を観る」という表現がおかしい、と思う人もいることでしょう。たしかに、音は目で見るものではなく、耳で聞くものです。私たちの感覚は「見る・聞く・匂う・さわる・味わう」という五つに分かれます。目・耳・鼻・手足・舌という、それぞれ身体の器官を使って知る感覚です。

しかし、それだけが人間に具わった感覚ではありません。第六感、カン、超能力などの言葉であらわされる、不思議な感覚があることもたしかです。音を観る観音さまがいても不思議ではありません。すでに触れたように、スピリチュアルケアも五感だけで行うのではなく、第六感とも言うべき「識」を駆使して行えば、より深く温かいケアができるのです。

観ることは、知ることです。

知ることは、愛することです。

愛することは、分かちあうことです。

救いを求めればすぐに聞いてくださるところに観音さまがいらっしゃる。そう思うだけで、私たちの心は安らぎます。観音さまは目には見えないけれど、菩薩としていつも私たちのすぐそばにいてくださるのです。ケアを受ける人にとって、ケアを行う人が観音さまのような存在であったら、どんなにか心強く、深く癒されることでしょう。

仏さまに会えば苦厄を超越できる

「行深般若波羅蜜多」の「波羅蜜多」もサンスクリット語の翻訳ですが、「悟りに至る道」と思えばわかりやすいでしょう。

悟りとは何か。「悟らないとわからない」と答えるしかありませんが、あえて言えば、私は「いのちあるものが、いつも満ち足りたこころを持てるようになる状態」と説明しています。

どうしたら仏さまに出会うことができるのか。その道を探すのが「波羅蜜多」です。怒ったり、怨んだりしてはいけない。何があってもくよくよせず、優しいこころを持ち続けなさい。これが「悟りへの道」です。その境地を深めて行けば、必ず良い結果に結びつきます。

「時」は修行に要する時間です。仏さまの世界から眺めれば、過去も現在も未来も一度に見渡せてしまうのではないか、と考えることがあります。輪廻転生《りんねてんしょう》も一瞬の夢、私たちの人生はただただ仏さまの手のひらに乗った光なのではないか、とも思えます。苦しいと思うと、時間が長く感じられます。楽しいと思うと、同じ時間なのに瞬く間に過ぎてしまうように思うのです。

「照見五蘊皆空」の「五蘊」とは、人間を形づくっている五つの要素のことです。感性や行動、思考から認識にいたるまで、人間がこの世に存在していることが、じつはあってないようなものだ、というのが「五蘊皆空」の意味です。

自分の顔を自分で見ることはできません。鏡に写すしかありませんが、鏡に写る自分は実像ではありません。この世にある自分とは鏡に写している姿である、と言えばわかりやすいでしょうか。ほんとうの自分の姿は自分には見えないのです。鏡に写しても見えないところがあるということを、知っておかねばならないのです。

「度一切苦厄」の「度苦」とは苦しみを超越することを意味し、お大師さまは修行して得る智慧の成果だと説きます。われを忘れて一生懸命にやったとき、仏さまと出会うことができ、苦も厄も一切が救われるのです。

怒ったり怨んだりせず、優しいこころで、われを忘れてスピリチュアルケアに専念していけば、必ず仏さまにめぐり会え、一切の苦厄から救われる、という教えです。

このあとにくる「舎利子《しゃりし》」とは、お釈迦さまの十大弟子の一人です。「舎利弗《しゃりほつ》」とも呼ばれ、智慧第一の高弟として知られています。「般若心経」はこの舎利子を相手に説く形をとっているのです。

「色」と「空」で成り立つ生命

お大師さまは、『秘鍵』で、「般若心経」を五つの部分に分けて教えています。「色不異空《しきふいくう》」から「以無諸得故《いむしょとっこ》」までをひとつのグループにしています。この部分だけで百十四文字ですから、「般若心経」の半分近くを占めており、「般若心経」の教えの基本がここにあるとされています。

仏教のことを知らなくとも、「色即是空」という言葉を知っている人は多いものです。それほど有名な句です。

「色不異空《しきふいくう》　空不異色《くうふいしき》　色即是空《しきそくぜくう》　空即是色《くうそくぜしき》　受想行識《じゅそうぎょうしき》　亦復如是《やくぶにょぜ》」

です。「色即是空」という言葉は、仏教という教えの土台になっている言葉です。「色はすなわち空であり、空はすなわち色である」という意味です。

「色」とは「現実の目に見える世界」、「空」は「見えない世界」です。私たちの生命は、見える部分と見えない部分とによって成り立っていますが、見えない部分のほうがはるかに大きいのです。

ほんとうの生命は「色」と「空」とによって成り立っています。ここに私という「色」の存在があれば、そこには必ず「空」の私も共に存在しているのです。

私はかつて、宇宙工学の故糸川英夫博士と対談したことがあります。そのとき「空」について大変深いお話をしました。糸川博士は「ロケット博士」の異名で知られた科学者です。かつての陸軍の名戦闘機「隼《はやぶさ》」

の設計者であり、戦後のロケット研究の第一人者です。とても多才な方で、豊かな発想の持ち主でもありました。

「空とはゼロではなく、プラスとマイナスが一緒になって詰まっている状態だ」というのが糸川博士の基本的な考え方で、宇宙にある「空」は、巨大なプラスと巨大なマイナスが一緒になっている存在である、と説かれました。

「般若心経」の「色即是空」という言葉は宇宙の本質をズバリついたもので、ノーベル物理学賞の故湯川秀樹博士が「中間子理論」を発想されたのは、この「色即是空」がきっかけだったと言われています。

湯川博士の「中間子理論」は、プラスとマイナスの電気はお互いに結びつくが、プラスの電気はそちらにマイナスの電気があることをどうやって知るのだろう、という疑問から出発しているそうです。そして、プラスとマイナスの間を行ったり来たりするメッセンジャーボーイの役割を果たすものがあるはずだ、という仮説を立てられ、中間子を発見されたのでした。

宇宙は光に満ち満ちている

「真空とは何もない空っぽな存在ではない」と言い出したのは、一九二八年、英国のポール・ディラックという人です。まもなく陽電子が発見されて、この説が正しいことが証明されました。真空とはミクロの世界でプラスとマイナスとがせめぎあい、沸騰している状態だということがわかりました。絶対零度の真空もひかりの粒子である光子《こうし》で満たされているのです。

糸川博士は、「空から物を飛びださせたり、物と物との仲立ちをするのは、光以外にはありません。私は、光は宇宙であり、光がすべてだと思います」とも言われました。「宇宙は光」と最初に言ったのはアインシュタインだそうですが、私は糸川博士のこの言葉を聞いて、ハッと思い当たりました。

そうか、念、テレパシーとは光のことではないか、と直感しました。二人の人間がお互いに一生懸命念じることによって、その間に光が飛び交うのではないかと、思い当たったのです。

念じることはまさに光を飛ばすことです。お大師さまが「虚空蔵菩薩求聞持法」で真言を百万遍お唱えになったとき、金星が口の中に飛び込んできた、という逸話がありますが、これも光、宇宙のエネルギーを体内に呼び込まれたということではないか、と思います。

「空」とは光が満ち満ちている空間だと言い換えることもできます。まさに私たちの宇宙は光にあふれているのです。

ＮＡＳＡ（米航空宇宙局）の研究者たちによりますと、この銀河系宇宙には「超微小ダイヤモンド」が漂っているそうです。一年間の観測だけで、その量は数十億トンに達するというのですから驚きます。光に満ちた宇宙にミクロのダイヤが漂うありさまを想像してみてください。どれほど荘厳な光景か、想像するだけでこころが躍ります。

光子《こうし》もダイヤも超微小なミクロの存在ですから、私たちの肉眼では見えません。しかし、仮に私たちがこうしたミクロの世界を見ることができる眼を持っていたとしたら、宇宙は漆黒の空間ではなく、光に反射したダイヤがキラキラ輝いている、極楽のような景色に変化するのではないでしょうか。

表裏一体の「色」と「空」

それでは、なぜ「空」なのか。「空」とはサンスクリット語で「シューニャ」と言います。もとの意味は「中が虚ろである」、つまりは中身がないという意味ですが、もう一つはずばり「ゼロ」のことでもあります。玄奘三蔵はなぜ「シューニャ」を「空」という文字に訳したのでしょうか。

「空」という文字は、「穴」に「工」を組み合わせたものです。「穴」は「土にうがった住まい」というのがもとの意味です。かんむりの「ウ」は家で、「八」はこれを開けるという意味です。底がある空間が「穴」といえましょう。一方、「工」は「天地を組み合わせたもの」という意味を持っています。つまり「空」とは天地人を入れた穴のことであり、「あらゆる存在が住む家」ということです。「宇宙そのもの」とも言えます。

「色」といい「空」といい、インドのサンスクリット語で書かれた経典を、中国語の翻訳を通して、私たちは理解しようとしています。中国語に翻訳するときには、読み方を同じようにすることと、意味を伝えることの両方を一つひとつの文字に託したのです。

その翻訳の苦労の結果、私たちが目で見たり手で触ったりして、存在を確認することができるものを「色」と表現し、目には見えない、色の裏側にあるはずの空間を「空」と表現したのです。

しかし、これは「色」です、これは「空」です、と一つひとつをつまみあげても、ほんとうの姿をつかむことにはなりません。「色」の部分を見たときに、その裏に「空」の世界があることを認める。何も見えなくともそこには何かがあると信じる。そういう気持ちを大切にすることが、「色即是空　空即是色」の教えなのです。

現実に目に見える世界だけでケアをするのでは、真のスピリチュアルケアにはなりません。ケアを受ける人の目に見えないこころの中にまで目配り、気配りをする思いやりを持っていってこそ、ほんとうのスピリチュアルケアができるのです。

第三節　「般若心経」の光で清浄なこころを得る

「般若心経」は「無」の経典

「舎利子《しゃりし》　是諸法空相《ぜしょほうくうそう》　不生不滅《ふしょうふめつ》
不垢不浄《ふくふじょう》　不増不減《ふぞうふげん》」

わずか二十文字ですが、「不」の文字が六度も出てきます。「不」とはほんとうに不思議な文字です。「非」ではないのです。厳密にいえば否定しているのではなく、打ち消すのです。

「不」という漢字は、もともとは鳥が空を舞って降りてこないことを表現しているそうです。どうして降りてこないのかなあ、そんな気持ちがこの文字には込められているのでしょうか。そこから疑問の意味に用いられたのだと言います。「不」という文字が伝えるのは、生にしても滅にしても、そのことを認めた上で否定しているニュアンスを感じます。

「是故空中《ぜこくうじゅう》　無色無受想行識《むしきむじゅそうぎょうしき》
無眼耳鼻舌身意《むげんにびぜっしんに》　無色聲香味觸法《むしきしょうこうみそくほう》
無限界乃至無意識界《むげんかいないしむいしきかい》」

「不」に続くのが、「無」の連続です。漢字のルーツはとても興味深いものです。「無」は、もともと木が盛んに繁るありさまをかたちどった文字でした。それがどういうわけか「ナシ」という意味になってしまったのです。

長い漢字の歴史の中で、もとの意味が忘れられたばかりか、まったく正反対のことをあらわす言葉になってしまった、めずらしい文字です。木がいっぱいあるのに、「ない」なんて、まるで「色即是空」の世界です。

じつは「般若心経」は「無」の経典ともいえるほど、「無」の文字が連なっています。「不」も多いのですが、「無」は二十一カ所も出てきて、「不」をはるかに上回ります。「ある」も「ない」も本質は同じだという宇宙の真理が、「無」という文字に込められているのではないでしょうか。

「無」ということは、もともと無いものだからあきらめろ、ということではありません。何もかも捨ててしまえば苦労の種がないから悩まずにすむ、ということでもありません。あってもなくとも、魂が充実し輝く世界があるのだ、と仏さまは教えているのです。

清浄なこころを信じる

「無無明《むむみょう》　亦無無明盡《やくむむみょうじん》　乃至無老死《ないしむろうし》
亦無老死盡《やくむろうしじん》　無苦集滅道《むくしゅうめつどう》」

「無苦集滅道」の五文字は、仏さまの説法によって悟りに至る者の精神統一の境地を示している、とお大師さまは解説しています。スピリチュアルケアの仕事の現場のみならず、日々の生活の中でつらいことがあったら、大きな声でここを詠みあげてみてください。どんな暗闇にも灯りはともっていることに気づくはずです。「般若心経」のこの一節ほど、苦しいときに勇気づけてくれるものはありません。

次が観自在菩薩の教えの部分です。

「無《む》智《ち》亦《やく》無《む》得《とく》　以《い》無《む》所《しょ》得《とっ》故《こ》」

智もなく得もない、もともと所得がないのだから、という意味です。

お大師さまはこの部分の教えを、「蓮の花を見て、自分のこころが本来は清浄なものだと知り、蓮の実を見て、こころに徳がそなわっていることを思う」という詩に託しています。密教の真髄「即身成仏」の教えがここにあるのです。

自分は清らかだと信じること。自分が清浄だと思って行動すること。自分の中に観音さまがいてくださると思えば、間違ったことはできません。自分を大切にする、自分を愛するということは、自分の中の仏さまと出会うことです。そのことを感得すれば、自信を持って本来のスピリチュアルケアを実践できるでしょう。

そういう心境になれば、わがこころの仏さまが助けてくださるのです。「無い」と言って悲しむことはありません。「ある」と言って威張る必要もありません。豊かなイマジネーションで見えないところを見えるように、世界をひろげることが大切です。

わだかまりのないこころ

「菩提薩埵《ぼだいさった》　依般若波羅蜜多故《えはんにゃはらみたこ》
心無罣礙《しんむけげ》　無罣礙故《むけげこ》
無有恐怖《むうくふ》　遠離一切《おんりいっさい》
轉倒無想《てんどうむそう》　究竟涅槃《くぎょうねはん》
三世諸仏《さんぜしょぶつ》　依般若波羅蜜多故《えはんにゃはらみたこ》
得阿耨多羅《とくあのくたら》　三藐三菩提故《さんみゃくさんぼだいこ》
知般若波羅蜜多《ちはんにゃはらみた》」

お大師さまは、行をしていると良いことがある、と教えています。心にこだわりがなくなって、自由にものごとを感じたり、行動できるようになります。不平や不満がなくなって、誰とでも気持ち良く付き合えるようになり、小さなことにも面白いことや楽しいことを見つけられるようになるのです。楽しく、気特ち良いこころになれば、自分も人も信じられるようになり、好きになります。いつでも希望をもって、明るく生きるこころが、知らず知らずのうちに育っていきます。

そんな気持ちで毎日を過ごすようになると、いつの間にか周囲の人たちの気持ちも変わります。今まで自分に対して意地悪をした人、冷たくしていた人が、温かく接してくれるようになってくるのです。

「薩埵《さった》」とは修行する人のことです。「般若心経」を毎朝、一生懸命に唱えることも、修行のはじまりです。

私は七十歳を超えた今でも毎日、寺で弟子や信者さんたちと一緒に護摩行を勤めます。毎日、全身全霊をぶつけて一生懸命護摩を焚きます。行のあいだは、厳しく苦しいものですが、終えたあとは、なんとも清々しい気分にひたります。私たちの周囲に満ちている、この宇宙のエネルギーを存分に感じるのです。

そんなとき、私はほんとうに至福の境地にひたります。すべての汚れから解放され、何ごとにも、何ものにも束縛されない、こころが満たされている幸せな気持ちになります。ほんとうの自由を味わうことができるのです。

「心無罣礙　無罣礙故」

こころにわだかまりがないことです。私はこの一節が大好きです。幼い頃に春の暖かい日差しを浴びて、野原に大の字になって広大な空を仰いだ、あのときのような、広々とした心がよみがえってくる思いがします。

生命の流れが身体を吹き抜け、あるいは止まり、あるいは輝くとき、私は私であって私だけではない、という思いに満たされます。この大宇宙の中に溶け込んで、楽しい音楽にひたりながら軽やかに舞っているようです。

このこころにわだかまりがない境地でスピリチュアルケアに取り組むことができれば、人はその姿に菩薩を見ることでしょう。

真言を意味する「咒」

「是大神咒《ぜだいじんしゅ》　是大明咒《ぜだいみょうしゅ》　是無上咒《ぜむじょうしゅ》
是無等等咒《ぜむとうどうしゅ》　能除一切苦《のうじょいっさいく》
真実不虚故《しんじつふここ》　説般若波羅蜜多咒《せつはんにゃはらみたしゅ》　即説呪曰《そくせつしゅわつ》」

この「般若心経」の「咒《しゅ》」は、唱えることによって私たちを苦しめているあらゆるものを取り除いてくださる尊いものである、という意味です。「咒」は「呪《じゅ》」という字のほうが一般的ですが、「漢和辞典」を調べてみても区別はどうやらないようです。呪とは「口」に「祝」を併せた意味を表す漢字です。

呪文と言えば、悪い意味を連想する人もいますが、「般若心経」で言う「呪」は陀羅尼《だらに》、つまり真言を意味し、他人を呪うためのものではありません。「呪」のもとになっている「祝」は、もともとは神に仕え、祝詞《のりと》を上げて神を喜ばす人、という意味です。神さまを表す「示」と、言葉を発する「口」と、人を表す「儿」とを合わせてつくられた文字なのです。

密教でいう「身口意」とは、人間の行為が身体で動き、口で話し、こころで考えるという三つの要素で成り立っているという意味です。宇宙の営み、すなわち仏さまのはたらきもまた、身体・言葉・こころの三つのはたらきによって成り立っているのです。

「呪」が「呪う」という意味にも使われたのは、この神霊のパワーと無関係ではありません。宇宙の生命エネルギーには厄災を払い、病気に打ち勝つパワーがあります。このパワーを使えば、排除したい人を倒すともできるわけです。しかし、大宇宙の真理とはほんとうによくできております。自分で蒔いた種は自分で刈り取らねばなりません。

「人を呪わば穴二つ」ということわざがあります。悪意をもって宇宙のパワーを使おうとすれば、そのパワーは必ず自分の身にかえってくるのです。だからこそ、お大師さまは真言密教の教理を確立されたときに、呪詛《じゅそ》というものを排除したのです。

私の行には、真言密教だけではなく鹿児島に古くから伝わる修験道《しゅげんどう》のさまざまな教えを代々口伝してきたので、修験道の行も混じっております。

私は、真言密教の行と修験道の行とで、いちばんの違いは呪詛の要素であると思います。修験道の行には呪詛の要素が大変多く、力ある行者に呪詛をかけられたら、そのダメージは大きいとされています。私が父から口伝によってその最高の秘法を教えられたのは、高校生のときでした。決して口外はできません。呪詛をすれば必ず自分にはね返り、自分にはね返らなければ、子孫に返ってくるのです。

呪詛の秘法を知っているために、私の行はよりいっそう強くなっているのではないか、とも思います。誰かが呪詛をかけられていることを知ったとき、その呪詛を解くには、かけられた方法を知らなければできないのです。呪詛の秘法こそは強い意志によって守っていかねばなりません。強力であればあるほど、これを悪用しないために、修行が大切なのです。

一字に千理を含む「般若心経」

さて、「般若心経」の最後のこの部分は、大変パワーがある真言です。

「羯諦羯諦《ぎゃていぎゃてい》　波羅羯諦《はらぎゃてい》
波羅僧羯諦《はらそうぎゃてい》　菩提薩婆訶《ぼじそわか》　般若心経《はんにゃしんぎょう》」

お大師さまはこの短い部分を、こんな言葉で説かれました。有名な句ですから、そのまま紹介しておきます。

「真言は不思議なり、観誦《かんじゅ》すれば無明《むみょう》を除く。一字に千理《せんり》を含み、即身に法如《ほうにょ》を證《しょう》す。行行《ぎょうぎょう》として円寂《えんじゃく》に至り、去去《ここ》として原初に入《い》る。三界は客舎《かくしゃ》の如し、一心は是れ本居《ほんこ》なり」

真言というものは不思議なもの、ふつうの考えを超えたものである。この真言を深くこころの中で観て唱えれば、苦しみのもとになっている迷いの闇が取り払われる。一つひとつの文字にはとてもたくさんの深い教えが含まれていて、それぞれの人が自分のあるがままの状態で、仏さまの智慧と真実とをたしかに受け止めたことを知ることができる。前へ前へと歩いて行くと、完全に満たされた静かな境地に至る。また、去っていくと、悟りへの出発点に行き着く。いのちがどんなものなのかを知らない、無知の闇におおわれている人にとっては、この世は仮の宿のようなものである。しかし、ふつうの人なら誰にも具わっている一心こそが、人間の本来のよりどころである。

お大師さまの言葉を翻訳すると、このような意味になります。難しいといえば、とても難しいところです。しかし、素直に受け止めれば、とてもシンプルな解説なのです。

同じ「ギャテイ」という言葉を、「行き行きて」「去り去りて」と、お大師さまは分けています。「行き行きて」は自分自身が悟った境地を表現しており、「去り去りて」はそれからさらに行き進んで、われも人も一緒であることを悟ることをいうのです。

そして、生きていくよりどころとなる仏さまのこころが、私たちの一人ひとりにちゃんと具わっていて、これを見つければ苦しみから抜け出して、安心の境地に行き着くことができる、と教えているのです。

これはスピリチュアルケアを施す人も、施される人も、立場は同じなのです。ケアを施される人が癒され救われているだけでなく、施す人もまた癒され救われているというところに、密教的スピリチュアルケアの原点があります。

闇の中で道に迷ってしまうから、ますます相手の心から離れてしまうのです。どうしたら明るい世界に戻れるのでしょうか。それには一心の灯りをたよりに、前へ前と歩くことです。そうすれば必ず出口が見つかります。出口が見つかったら、今度は間違って闇の世界に戻ってしまわないように、生まれたばかり幼子《おさなご》のような無心の気持ちにかえって歩き出しなさい。お大師さまは、そう教えているのです。

真言を一心に唱えるとき、私たちの集中力が発揮してきます。その集中力によって潜在意識のなかに眠っている情報が取り出され、知らず知らずのうちに、私たちを安全な場所に案内してくれるのです。

亡くなった人を送るとき、ふと私は思います。私たちにとって、亡くなった人は「行ってしまう」と感じますが、亡くなった人にしてみれば、これまでともに生きてきた人たちが「去ってしまう」ことなのではないのかと。

生の世界から見れば、死に向かって行き行きているわけですが、死の世界から見れば、生に向かって行き行きているというのでしょう。仏教ではそれを輪廻《りんね》といいます。

「般若心経」は光を放つ

「般若心経」が日本に伝わったのは、仏教伝来からまもない天智天皇の御代だとされています。すでにこの当時から、「般若心経」の功徳《くどく》は知られていたと思います。インド、中国を経て日本に渡ってきた「般若心経」の功徳は、時代を超え民族を超えて現代にも現れているのです。

「陀羅尼《だらに》とは仏、光を放つ、光の中に説く所なり」

陀羅尼、つまり真言とは光に包まれた言葉、光そのものといってもよいでしょう。それで陀羅尼を「持《じ》明《みょう》」ともいうのだと、お大師さまは言います。陀羅尼というとても良い響きを持った言葉は、光を放つほど強いパワーを持っているというのです。

お大師さまは、『秘鍵』の最後をこんな言葉で結んでいます。

「私は、般若心経を秘密真言の深い教えによって、大きく五つに分けて解釈した。般若心経の一字あるいは一つの文章は、仏さまの世界いっぱいに満ちている。それはいつ終わるともなくいつ始まるともない、繰り返し続いていく自分のこころのはたらきなのだ。真実を見る目がくもっている人は、見ることはできないが、文殊菩薩と般若菩薩は人々の迷いを絶つことができる。両菩薩は真実の教えという甘露を注いで、迷う人をうるおし清めてくださる。闇を断ち切って、煩悩の魔軍を打ち破ろうではないか」

「般若心経」の「一字一文」が、仏さまの世界に満ち満ちています。その仏さまの世界は、遠いところにあるのではなくて、私たちのこころの中にずっと生き続け、さまざまなはたらきをしている、というのです。

よくよく眼を見開いて、見えないと思われる世界を見つめるのが大事だ、とお大師さまは教えてくださったのです。

仏さまの慈悲に通じるスピリチュアルケアの仕事に携わる人たちが、「般若心経」のこころを自分のものとすれば、スピリチュアルケアの現場はいよいよ仏さまの光に照らされて、温かさが増すはずです。スピリチュアルケアに関係する人にはぜひ、私にだまされたと思って、朝晩「般若心経」を唱えていただきたいと思います。

「般若心経」を朝晩に読経すれば、自分の中で何かが変わります。そのことを確認して納得してほしいのです。変わった自分に何ができるのか。仏さまの力をどのように生かしていけるのか。その境地に達したとき、スピリチュアルケアの尊さを実感し、こころから満足して、一心にケアに邁進できるはずです。

迷ったり、落ち込んだときには、わが内におられる仏さまを信じて一心に前へ進めば、必ず道は開けます。そのとき「般若心経」が力になるのです。

第四章

スピリチュアルケアと「供養のこころ」

この世に生まれ 伸びゆくように
生きる運命も同じこと
先祖の根っこ あればこそ
いのちの元の ありがたさ
みんな忘れず 祭りよう

第一節 「供養のこころ」とは何か

「供養のこころ」とは何か、スピリチュアルケアと供養はどのような関係があるのか、についてお話しします。

ご先祖という根に栄養を送る

私は、目に見えない生命、すなわち「霊」の存在に思いをいたしながら生きることが、スピリチュアルケアには欠かせないのではないか、と考えています。

霊とはおどろおどろしいものでも、恐ろしい存在でもありません。「色即是空」のところでお話した、目に見えない「空」のように、私たち一人ひとりの生命に必ず付き添って存在している大切なもの、それが霊なのです。

しかし、霊は見えない存在ですから、霊の言葉を聞くためには、常に心のアンテナを磨いておかねばなりません。霊からのメッセージを誤りなく受け取って行動する。それが仏さまへの信頼であり、祈りである、と私は信じています。

その目に見えない霊に対して敬意を表現するのが供養です。供養とはサンスクリット語のプージャーあるいはプージャナーの訳です。あらゆる仏さま、ご先祖や亡くなった有縁無縁の生命に対して、花《はな》、灯明《とうみょう》、香《こう》、水や飲食《おんじき》などの供物《くもつ》を供えて、霊が安らかにあれと祈ることです。

私たち一人ひとりを一本の樹木とするなら、ご先祖は根にあたります。根が充分に大地に伸びていれば、幹も枝葉もしっかりと育ちます。その根に栄養を送るのが供養です。

最近の科学は、人間をDNAというミクロの世界まで解析します。遺伝子と日本語に翻訳されましたが、本来はもっと広い意味を持つと考えた方がより正確なのだと、聞いたことがあります。この遺伝子をたどっていくと、自分がどこから来たのか、そのルーツまでわかる、というのですから驚きます。

このDNAのことを考えると、「ご先祖は自分の中に生きている」という表現は、科学的にも実証された、と言ってもいいと思うのです。私たちの細胞の中に、ご先祖から連綿と伝わってきた、生命の情報があるのです。ご先祖は細胞の一つひとつに、しっかり生きているのです。

供養することは、その内なるご先祖と向き合うことにほかなりません。ご先祖の霊が安らかにある。それは、私たちのDNAが安定して、生き生きとしていることなのだと、私は最近感じています。ご先祖を供養することによって、私たちの身体を構成している細胞が元気になることにつながっているのではないか、と思うのです。

ネアンデルタール人も供養をしていた

仏さま、ご先祖を拝むときには、ふつう六つのものをお供えします。閼伽《あか》、塗香《ずこう》、華鬘《けまん》、焼香《しょうこう》、飲食《おんじき》、灯明、わかりやすく言えば、水、香、花、線香、ご飯、灯明です。この六つは仏さまの智慧を表していて、この智慧を実践すると、悟り、つまりは仏さまのこころと一つに溶け合うとされています。

この六つについては後ほどお話することにして、まずはここで歴史をずっとさかのぼって、遠い過去に生きた人々の死者に対するこころに、思いを馳せたいのです。

第一章の冒頭でも触れたネアンデルタール人は、私たちホモ・サピエンスを新人と呼ぶのに対して、旧人と呼ばれる人類の祖先です。二十五万年前から三万年前まで、地球上、とくに氷河期のヨーロッパで生存していました。今では、よく知られるようになりましたが、ネアンデルタール人は亡くなった人を悼む葬儀を行い、死者を埋葬するときに周囲に花を供えました。

一九六〇年、イラクの首都バグダッドからほぼ北に四百キロの、トルコ国境に近い山岳地帯のシャニダール洞窟で、米コロンビア大学教授のラルフ・ソレッキーという人類学者が発掘をしていました。その洞窟はかつて、クルド人が冬の寒さをしのぐ生活の場としていました。今もクルド人の生活圏です。

ソレッキー教授は、洞窟の奥の地下七・五メートルの地点で、押しつぶされたネアンデルタール人の骨を見つけました。教授はその周りの土を採取して、フランスの考古植物学者のプーラン夫人に送りました。分析の結果、土の中から化石化したチョウの羽に混じって、二十八種類もの花粉の化石が見つかったのです。

六万年前の遺骨です。この埋葬の分析から、いくつかの興味深い事実がわかりました。ヤグルマソウなどの花は、おそらくは薬草として使われていたほか、何か儀式用の花として使われていたのではないかと考えられています。また、死者を温めるために火を焚いた形跡があることなどもわかりました（『シャニダール洞窟の謎』ソレツキー著、香原志勢・松井倫子訳、蒼樹書房）。

死者に花を手向《たむ》ける風習はそれほど遠い昔から行われていたのです。それは、この世を去る人への哀悼でありましょう。ネアンデルタール人は花にどんな意味を込めていたのでしょうか。また、彼らは身体障害者をケアして暮らしていたことや、音楽的な「文化」を持っていたこともわかっています。今では、ネアンデルタール人は精神性の高い人類だったと評価されています。

そのネアンデルタール人の風習が、どのような形でかわかりませんが、旧人から新人へと伝えられ、死者に花を供える風習として現代にまで受け継がれたのかもしれません。私は、ネアンデルタール人の死者や弱者に対する気高い気配りが、現代におけるスピリチュアルケアにつながっているような気もするのです。

内なる仏さまを慰める

私は、今も息づいているさまざまな風習や宗教的な儀礼のルーツは、気が遠くなるほど太古にあると思います。その古代人のこころが、私たちに伝わっているのだと考えます。もとは、素朴なこころの表現だったものが、時を経るうちに、さまざまな意味が付加されるようになり、形を整えて、命脈を保ったのだと考えています。古代人はいろいろ工夫をして、本来のこころを残そうとしたのではないでしょうか。

密教は仏教のなかではもっとも後発の教えであり、アジア文明の集大成だと言われます。密教はお釈迦さまの教えを基本としながら、アジアに古くから伝わる智慧の数々を、教えに系統的に取り込んでいます。

タントラつまり真言はその象徴です。真言はその響きによって仏さまに祈りのこころを届けます。真言に読み込まれた真理は、太古から伝えられてきた人類の智慧です。

私たちの祖先をＤＮＡでたどると、アフリカに行き着くそうです。「ルーシー」と呼ばれる一人の女性が私たちの「母」である、という研究成果があるのだと聞きました。私たちが共通して持っている生命のカケラには、太古の智慧が刻まれているのです。

そのことを知って、ご先祖を供養することは、そのカケラを共有する人類の祖先の霊を「安らかに」と祈ることでもある、と私は気づきました。そこには、人種の違いも男女の違いも年齢の違いもありません。みな同じ生命があるのです。

供養とは、わが内なる仏さまを慰霊するものであり、全ての生命につながるネットワークそのものの、いわば「保全」の役割を果たしているのです。

私は、二十年以上前から、平和を祈って世界を巡っています。戦争で非業の死を遂げた人々の霊を、安らかになってほしいと慰めることが、現代の世界の平和に大きくはたらく力となると信じています。大きな意味合いでは、人類の「先祖供養」の一つだと思っているのです。

「持戒」を意味する塗香

さて、先ほどの仏さまへお供えする六つのものについて、詳しく見ていきましょう。花、水、香、線香、ご飯、灯明を供えるとき、その一つひとつに修行の意味が込められており、その思いを込めてお供えします。形だけでは、供養のこころは通じません。供養の意味を理解し、形を整えることによって、誰にもわかる共通の教えが伝わるのです。

塗香《ずこう》とは仏さまの身に良い香を塗ってさしあげることで、戒律を遵守する「持戒《じかい》」を意味しています。戒律というと窮屈な感じがしますが、ここでは自らルールを決めて生きることだと考えます。

私たちは国家の法律から、会社、地域、そして家族といった社会や組織の決まりまで、さまざまなルールの中で生きています。「持戒」が意味するルールとは、仏さまとの「約束」とでも申しましょうか、仏さまの教えを守ることです。仏さまから生み出された生命を尊重するルール、と言ってもいいでしょう。ルールを守って生きるなんて窮屈なことだと思っている間は、なかなか仏さまのこころに触れることはできないのではないか、と私は感じています。

戒律を守ることが他の人の生命もわが生命も守ることだと、心底で理解できれば、戒律を守ることへの抵抗感は消えるはずです。

「憂きことのなおこの上に積もれかし限りある身の力ためさん」

江戸時代の儒学者で人徳を積んだ佐藤一斎《いっさい》の歌です。自分に厳しく、人にやさしく、苦難には逃げることなく立ち向かった人の心意気が表れています。自分に厳しいルールを課せば、守ることはなかなか大変ですが、ルールを持って生きる人のこころは穏やかです。ルールの基本は生命のために尽くす、ということです。

花は「忍辱」の象徴

花は耐え忍ぶ「忍辱《にんにく》」の象徴です。花は自ら動くことはできません。しかし、どこにあっても人々の心を和らげます。お釈迦さまは、泥濘《でいねい》から生まれた清らかな蓮の花一本によって、悩ましい煩悩から解脱して清浄な境地を目指す、という尊い教えを説いています。花が持つ慈愛の徳は、仏さまになる修行で目指すべき大切なものです。

怒らないこころこそ仏さまのこころにかなうものであり、愛があらゆる生命を救うものであることは、誰もがこころの奥底で知っています。そのこころを素直に表すことができるように、花のこころを取り入れよと、仏さまは教えてくださるのです。

それにしても、前述したようにネアンデルタール人が死者に花を供えていたということに、私は感動します。美しいものを畏敬するこころは、古今東西の生命に共通しているのです。

お大師さまは芸術を尊びました。仏さまに生命の躍動を伝えるには芸術が大切な役割を果たす、と考えておられたのだと思います。それというのも、花の美しさに感動するこころは、そのまま美術に寄せるこころ、音楽の調べにときめくこころ、書の奥深さに惹かれるこころです。芸術は私たちのこころを耕してくれます。そして、そこには癒しがあり、救いがあり、探求心があり、創造へのパワーが秘められています。その観点に立てば、スピリチュアルケアのこころにも、癒しがあり、救いがあり、探求心があり、創造へのパワーが秘められています。スピリチュアルケアと芸術に相通じるものがあるとは、私にとっても思いがけない発見です。

花といえば、仏教では蓮の花をもっとも尊びます。泥の中でじっと忍んで時を待ち、その栄養分を一挙に純白の花に昇華させる蓮の花こそが、仏さまのこころなのだと教えます。スピリチュアルケアの厳しい現実のなかで、じっと耐え忍んで、蓮の花のような清浄な花を咲かせてほしいと、こころから願わずにはいられません。

太古のネアンデルタール人たちの人生は、厳しいものだったと想像できます。氷河の寒さに凍え、少ない獲物を工夫して食べて生き延びていたはずです。その苦しさを、花を愛でる心で癒して生きていたとしたら、何と素晴らしい人たちだったかと、私は遠い過去に思いを馳せるのです。

飲食によりこころの安定を図る

線香は「精進《しょうじん》」の象徴です。仏前に灯す線香は、ひとたび点火すれば、急がず、あせらずに最後まで同じ速度で薫じ通します。その線香のように、私たちもまた、一度決意したら、成就、完成するまで努力を止めてはなりません。これは勉強も仕事もみな同じことです。また、香煙によって不浄の香気が消されます。努力精進の前には一切の不浄不祥《ふじょうふしょう》が消されるのです。

線香は何本立てたら良いか、とよく聞かれます。これは決まったものではなく、多いから良いというものでもありません。上等の線香なら一本で十分です。真言行者は常に三密の行をしているので、三本立てるのが一般的ですが、金剛界、胎蔵界という両部の曼荼羅を信奉しているのですから、二本でも良いとされます。

毎朝、ご飯を炊いたら、一番先に小さな器によそって仏壇に供えます。都会では朝食を食べない人が多いと言われます。「同じ釜の飯を食べた間柄」などと言われますが、食事を共にすることは絆を結ぶことです。最近は、家族同士でも自分勝手に食べてしまう「孤食」の家庭が少なくないそうです。それではこころが落ち着きません。

飲食《おんじき》は「禅定《ぜんじょう》」を表します。食事を摂ることによってこころの安定を図る、という意味があります。私は大きな行の前には、穀断ちなどで身体を整えて身を清めますが、通常の生活をしているときには、きちんと食事をしてこころの安定を図っています。意味無く禁欲状態をつくるのは、かえって情緒不安定を招きます。過食や飽食を避け、規則正しく調和のとれた食事をおいしく、感謝していただくことが、仏さまのこころに一歩近づくことになります。

とりわけ、子供たちにしっかりした食事をさせることを心がけたいものです。毎朝、炊き立てのご飯を仏壇に供える。珍しいものをいただいたり、おいしいものやご先祖の好物が手に入ったときには、まず仏壇に供える。そういうこころを育んでいけば、精神の安定につながります。

スピリチュアルケアにおいても食事は結構大事な問題だとうかがっています。ケアを受ける人にしっかり食べていただくことが、ケアの成否のカギを握っているとも言えるのではないかと思います。その場合、私は供養のこころが大いに参考になるのではないか、という感じを持っています。

灯明は「智慧《ちえ》」の光を表します。無明の闇を照らす灯明のように、仏さまを信じるこころを一筋の光と思って前へ歩くのが、幸せへの道です。

水が象徴する「布施」

後回しになりましたが、供養にまつわる六つの修行のいちばん最初に挙げられているのが、仏前にお水を供えることです。もし周りに花も灯明もご飯も線香もないときには、お水だけでもお供えします。たとえば実家を離れて暮らす人で、親を亡くした人は、親の写真の前にお水をあげて合掌します。仏さまをご供養するときには、まず水で身体を洗って身を清め、供養の後に食後の口をそそぐにも水を使います。水は供養に欠かせないものです。

水が象徴する修行が「布施《ふせ》」です。布施とはあまねく十方に施しを布《し》くことです。あたかも水が世界中いたるところにあって、すべてのものを育てるために役立っているように、この一身を諸仏の前に投げ出そうというのが布施の教えです。

学問のある人は学問を、お金のある人はお金を、力のある人は力を、世のため人のために役立てることです。この投げ出すこころが布施のこころなのです。

さらに、施しのこころによって自分の身の不浄を除くことができます。水がすべての穢《けが》れを洗い清めるように、施す者は心の悩みや穢れを除くことができるとされます。

布施のかたちはスピリチュアルケアにも成り立ちます。ケアをする人が布施のこころで誠心誠意ケアに努めれば、ケアを受ける人はうれしい気持ちになります。また、それを見て、ケアをする人も自らのこころを満足させ、清々しい気持ちになれるのです。

仏教では、水を「閼伽《あか》」と言います。閼伽とは古代インドのサンスクリット語で水のことです。仏教において、水は万物の始まりを表す「あ」の音で表現されるのかと、私は大変興味をひかれます。密教では、灌頂《かんじょう》というもっとも大切な儀式に水が使われています。

私の母、智観尼《ちかんに》が生前、午前四時に、近くの海まで出かけて水を汲み、これを閼伽として仏さまにお供えしていたことを、改めて思い出します。

このように供養でお供えするものは、みな生きるために大切なものばかりです。生命の素《もと》を仏さまに差し上げることによって、私たちは生きることの意味を再確認しているのです。それが供養のこころです。

あの世は身近な異次元世界

供養とは、あの世とこの世の境界を越えて死者に生命力を送りたいという、この世に残された者たちの素直な気持ちを表すものです。

亡くなった人たちはどこかへ行ってしまうのではなく、目には見えなくとも、私たちの周りに存在しています。そんな非科学的なことを、と顔をしかめる人もいますが、目に見えない世界が実在すると、異次元の存在を説く学者もいます。

最近では、リサ・ランドール博士の「五次元理論」が注目されています。ランドール博士はハーバード大学を卒業後、プリンストン大学やマサチューセッツ工科大学を経て、母校の物理学教室の教授になりました。素粒子物理学、ひも理論、宇宙論を専門としています。『ワープする宇宙〜五次元時空の謎を解く』（塩原通緒訳、日本放送出版協会）という著書は、アメリカでベストセラーになり、日本でも話題になりました。

私たちが暮らす縦・横・高さからなる三次元空間に時間軸を加えたものが四次元です。その四次元にもう一つの空間が加わった時空が五次元だと、博士は説明しています。

私たちが暮らす三次元世界は、人間の目には見えない五次元世界に組み込まれており、その異次元が私たちの世界に驚くような影響を与えている、と博士は主張しています。

私は、物理学とお大師さまの教えは重なるところが多いと、しばしば思います。ランドール博士の五次元理論を知ったとき、「そうか、あの世は異次元世界なのか」と膝を打ちました。

この世の人生を終えた霊は次元の違う世界に移っているのかもしれないと、私はイメージしたのです。私たちは時に、亡くなった人たちの気配を感じるように思える瞬間があります。次元の違う世界は遠くにあるのではなく隣り合わせで共存している、というのが異次元の発想です。霊を身近に感じることと異次元が存在しているということは通底しているのではないか、と思うのです。

お大師さまは奥之院に生きている

現実に、高野山では、お大師さまは今も高野山奥之院に生きておられて、私たちを守ってくださっているとの考え方に基づき、毎日、お大師さまにお食事を献じています。

高野山では、毎年八月十三日の夜八時から、萬燈供養会《まんどうくようえ》を行います。萬燈会《まんどうえ》そのものはお大師さま自身が始めたものです。天長九年（八三二年）八月二十二日、お大師さまは高野山金剛峯寺でもろもろの弟子とともに萬燈萬華会《まんどうまんげえ》を行いました。万の燈明と万の花とを両部曼荼羅《りょうぶまんだら》と四種智印《ししゅちいん》に供養する法会《ほうえ》です。

このとき、お大師さまはこの法会を毎年行い、あらゆるものの恩の恵みに応えることを宣言しました。

「虚空《こくう》尽き衆生尽き涅槃《ねはん》尽きなば、

我が願いも尽きん」（『性雲集』）

仏界の諸仏、すべての人々、果ては空飛ぶ鳥や地上の虫類、水中の魚や林中のけものに至るまで、およそ宇宙法界《ほっかい》に存在する限りのありとあらゆるものは、すべて恩の恵みである。これらのものが一つ残らず仏と同一の悟りに入ることを祈り続けたい。お大師さまはそう誓願したのです。

萬燈会とは、お大師さまの即身成仏の教えの象徴のようなものです。昭和四十九年（一九七四年）から萬燈供養会がお盆の行事となり、現代の高野山の夏に欠かせない風物詩となっています。

参詣者は奥之院道中にロウソクをお供えしてご先祖をお迎えします。参道の両脇にロウソクが十万本余り灯されて、まるで光の川が現れたような見事さです。大松明が奥之院まで担ぎ上げられるクライマックスは、さながら暗闇を照らす一筋の光の道で、それは迷いの世界から仏さまの世界へと導いてくださる、お大師さまのこころそのもののようです。

盂蘭盆会のルーツは農耕儀礼

お盆は盆踊りの祭りだと思っている若者もいますが、遠い遠い太古の昔から続く、自然の恵みに感謝する行事です。古代インドにピンダという供養の行事があり、農耕儀礼として行われていました。これが、仏教に取り入れられたのが盂蘭盆会《うらぼんえ》の始まりだと伝えられています。

盂蘭盆《うらぼん》の語源はサンスクリット語の「ウランバナ」に由来すると言われます。「倒懸《とうけん》（さかさつるしの意）の苦しみ」という意味です。ここからひどい苦しみ方をしている霊を救うという盂蘭盆会になるのです。

盂蘭盆会はお釈迦さまの高弟である目連尊者《もくれんそんじゃ》と亡くなった母の物語から始まった、という有名な説話がありますが、その前に、古代インドで行われていた農耕の供養に思いを馳せます。

詳しいところはわかりませんが、古代インドでは、作物が実ったら自然に感謝を捧げ、家畜を守ってくださったお礼を捧げる儀式が行われていました。こうした儀式は人類が太古の昔から行ってきたこころの儀式です。

アメリカ大陸の原住民や、日本の山の民も同じように、狩猟の獲物をまず自然に少し捧げてから、自分たちの食料としていました。そうした感謝祭の儀式は、世界各地に見られます。他の生命をいただいて自分たちが生きていることを、古代人は十分認識し、こころから感謝することによって、他の生命をわが生命とともに生かしてきたのです。

現代社会に忘れられたこの感謝のこころを思い出してほしいと、私はいつも念願しているのです。「鼓腹撃壌《こふくげきじょう》」という言葉があります。中国古来の言葉で理想の社会のありようを表しています。太鼓腹のお父さんがお腹をたたいて満ち足りている安穏な世の中だ、ということです。

飢えと戦《いくさ》のない社会が人類が求めてきた理想の社会です。ところが、最近の日本人は飢餓など想像できない飽食の時代を生きているために、食べ物を粗末に扱うようになってしまっています。「食べること」は「生きること」だという、生命の原則を忘れかけているのです。世界では、いまだに飢えによって生命を落とす人々が、とてもたくさんいます。

日本人が苦しんでいるのは「心の飢餓」です。人と人とのコミュニケーションは、人の大切な食料であり、生きる糧であることを、私たちは忘れてはなりません。

多くの人が人とのコミュニケーションがとれず、「こころの飢餓」にさいなまれているときに、スピリチュアルケアの世界で人と人とのコミュニケーションに必死に取り組んでいる人たちがいることは、この国の救いです。

「供養のこころ」は「同悲のこころ」に通じる

人と人とのコミュニケーションを大切にする。それが「施餓鬼《せがき》」という供養のこころです。霊の世界は遠い空の彼方にあるのではなく、私たちが生活している空間と背中合わせに存在しています。じつは私たちは、見えないところで霊の世界に支えられて生きている、というのが正しい認識です。

平成二十年（二〇〇八年）、北海道の洞爺湖で行われたサミットのテーマは環境問題でしたが、環境と食糧問題とは深い関係にあります。穀物不足を補うために畑を作るので熱帯雨林がどんどん伐採される、これが地球温暖化の原因になっているのです。サミットでは、世界の貧困を救済することも大きなテーマになりました。その一方で、大量の食べ物を余し、捨ててしまうような裕福な国がいくつもあります。この不公平感がテロや戦争の温床になっています。飢餓の世界は豊かな生活を送っている人々には見えませんが、確実に存在しています。そしてその貧しさが生み出す憎悪や不安が、全世界を蝕《むしば》んでいるのです。これは、身体のどこかが病んでいるのに治療しないで放置しておくと、病原が身体中に回って死んでしまうのと同じことです。飢餓の世界を放置しておけば、やがて地球の危機を招くことになります。

たとえ目には見えないとしても、飢餓に苦しむ人々がいる世界が現に存在しているとすれば、その人々の苦しみはやがて私たちにも伝わってきます。目に見えない霊が苦しんでいると、私たちはやはり苦しくなるのです。ご先祖を供養するこころは、見えない地域で飢餓に直面する人々の苦しみや悲しみに思いをいたし、その人たちを救いたいと思う「同悲《どうひ》のこころ」に通じるのです。

ましてや、目の前にいる人を癒し、救おうとするスピリチュアルケアに携わる人には、「供養のこころ」が求められるのではないでしょうか。

第二節　供養をすれば内なる仏さまが輝く

目連尊者の亡き母への思い

さて、盂蘭盆会《うらぼんえ》の始まりと言われる目連尊者《もくれんそんじゃ》のお話をしましょう。

あるとき、目連尊者は亡き母に会いたいと思い、神通力を使って「あの世」を探しました。目連尊者はお釈迦さまの弟子の中で、もっとも優れた神通力の持ち主でした。お釈迦さまは、神通力などの超能力は使ってはならない、と戒めていましたが、ご自身と高弟は大変強い力を持ち、そのパワーで人々を苦しみから救っていました。言葉による教えは、衆生を苦しみから救う手段の一つというよりは、衆生の暮らしの指針であったと言うことができます。つまり、お釈迦さまは、仏教的な神通力を無闇に使うことの危険をご存知だったのです。

舎利弗尊者《しゃりほっそんじゃ》と並び「お釈迦さまの二大弟子」と言われるほどだった目連尊者は、バラモンの家に生まれています。古代インドの上流階級で、父親は今でいえば文部大臣のような職にあり、大変裕福だったと言います。一説には、幼くして父親が亡くなって、極めて貧しい生活を送ったとも言いますから、父親が亡くなった後に没落したのかもしれません。

母親は息子を立派に育てたいと願って、不正なことをして利益を得て、息子を教育しました。母の気持ちはわからないではありません。大事な一人息子です。きっと、必死の思いで不正を決意したことでしょう。

現代なら生命保険もありますが、古代インドの社会で夫を失った女性が生きていくのは大変なことでした。しかも、それまでの社会的な地位を息子に与えてやりたいと考えたのです。しかし、母親は不正をしていたことを息子に教えることなく亡くなります。

目連尊者は母親の期待に応えて一生懸命勉強し、バラモンの学者となりますが、やがてお釈迦さまに帰依して高弟になります。

苦労をかけた母に会いたい。目連尊者の思いは募るばかりです。私は、この目連尊者のこころを現代の若者に伝えたいと、いつも思います。現代の母親も、いや父親も同じですが、不正こそしませんが、子供にできるかぎりの教育を授けようと、必死になって努力しています。現代日本では、地方から東京の大学に行く費用を、親が必死にはたらいて仕送りするのが当たり前になっていますが、その恩を子供たちはどれほどわかっているのでしょうか。

親のこころも知らずに、子供たちは教育の機会を自ら放棄し、遊び呆けています。勉強は親のためにするものではありません。親は子供により良い機会をつくってやりたいと願っているのです。子供はその親心をしっかりと受け止めて、自立できる力を磨くために勉強するのです。それが親の恩愛に報いることです。

じつは両親の霊は目に見えないだけで、子供のすぐ傍にいます。「ごめんなさい」と詫びる子供のこころをしっかりと受け止めて許してくれているのです。

盂蘭盆会で亡き母を地獄から救う

さて、目連尊者は自分が立派になれたのは、ひとえに母親のおかげだと素直に感謝していました。そして、矢も盾もたまらずに、尊者は死者の世界を訪ねました。といっても身体を運んだのではありません。霊の眼をもって母親を探したのです。目連尊者ほどの神通力を持っていなくても、知らず知らずのうちに親の霊に出会うことがあります。何かに悩んでいるとき、親が夢に出てきて解決の道を教えてくれた、という経験を持つ人は多いものです。これは夢というより、親の霊が助けてくれているのです。

親が生きているうちに孝行できなかったと後悔し、できることならもう一度親に会いたい、と思っている人は少なくありません。目連尊者もそんな気持ちだったのでしょう。神通力を使って極楽へ行きましたが、母親の姿は見当たりません。もしやと思って地獄を訪ねると、そこに倒懸《とうけん》の苦にあえぐ母を見つけました。しかも、そこは餓鬼道の世界です。目連尊者はどんなに驚いたことでしょう。

「ああ、お母さん、どうしてこんなことになってしまったのですか。なんとか助けてあげたい」

「お腹が空いて、とても苦しい」

母親の訴えを待つまでもなく、目連尊者は飢えて苦しむ母親に、鉢いっぱいのご飯を食べさせようとしました。しかし、母親は手を伸ばすと、炎が上がって食べられません。何度繰り返しても同じことです。あまりの惨状に、目連尊者はお釈迦さまに助けを求めました。

お釈迦さまは、そこで初めて尊者の母について語ります。

「汝の母は、生前に貪欲《とんよく》の罪を重ねて餓鬼道に堕ちたのである。そして、かかる悪業を作ったのは、母が自分の栄華のためでなく、ただ子である汝を立派に育て上げようとしたがためだ。だから、子である汝は母に代わって善事を行って、その罪を償うがよい」

お釈迦さまは目連尊者にそう教え、「そのためには多くの僧の力を借りねばならない」として、次のようにアドバイスされました。

「七月十五日、安居《あんご》の果つる日に、多くの人に物を施し、また教えを説いて、善根《ぜんごん》を積むように」

目連尊者は教えられるままに、お釈迦さまをはじめ大勢の僧侶を招いて、百味の飲食《おんじき》を盆に盛って供養しました。一方、供養を受ける大勢の聖僧たちは、まず施主のために祈り、七世の父母に回向《えこう》する盂蘭盆会を修したのでした。

この功徳によって目連尊者の母は苦しみから逃れて、善いところに生まれ変わることができました。目連尊者があまりのうれしさに、手の舞い足の踏むところを知らずと舞い踊ったのが、盆踊りのルーツだとされています。

仏さまと交歓する盆踊り

盆踊りとは、親の霊を楽にすることができた喜びの舞いであり、供養のおかげで成仏できた霊が歓喜する姿の表現だと言われます。もっとも、盆踊りの起源についてはほかにいくつもの説があります。いずれにしても、お盆に帰ってきたご先祖の霊を慰め、餓鬼や無縁仏を送り出すための踊りなのです。

日本で盂蘭盆会が始まったのは、推古天皇の御代と記録されますが、盆踊りは平安時代に空也《くうや》上人によって始められた念仏踊りが、盂蘭盆会と結びついたとも言われます。

七月十五日という夏の日、今では新暦で一カ月遅れの八月十五日に、お盆の供養をする地方が多くなっています。この日は日本では「終戦記念日」に当たります。第二次大戦が終結した日でもありますから、世界で亡くなった数千万の霊を悼む日なのです。

不思議な偶然と思いますが、日本人だけでも三百万人以上ともいわれる戦没者を追悼する日が、ご先祖を供養する盂蘭盆会に重なっているのです。私には、戦没者たちの霊が、どうぞ私たちの苦しみを忘れずに、二度と戦争を起こさないでほしい、と訴えている証《あかし》なのだと思えるのです。

昭和二十年八月十五日に、盆踊りを踊った日本人はいたのでしょうか。戦時下には盆踊りを中止するところが多かったのですが、少しは行われていたようです。しかし、戦局が悪化して毎夜のように空襲があった、あの年のお盆です。そして十五日の昭和天皇の放送で戦争に負けたことを知った日本人は、とても盆踊りを踊る気持ちにはなれなかったと思います。

それでも、翌年の夏には各地で盆踊りが復活していました。愛する人たちを亡くした悲しみを、踊って癒したのです。無我夢中になって踊る盆踊りには、仏さまと交歓できる作用があると、私は思っています。私が大学時代に習得した高野山の宗教舞踊は、まさに仏さまと一体になる境地を感じさせてくれる踊りでした。

阿難尊者が行った施餓鬼のこころ

さて、盂蘭盆会に行われる施餓鬼についての説話もあります。これもお釈迦さまの高弟の一人、阿難尊者《あなんそんじゃ》の物語です。阿難尊者はお釈迦さまが涅槃に入るまで、二十五年間も付き添って身の回りのお世話をした高弟です。阿難尊者がお釈迦さまの言葉をよく記憶していたので、「私はこのように聞きました」という意味の「如是我聞《にょぜがもん》」に始まるお経が残ったのです。

あるとき、阿難尊者が座禅をしているところに、一人の餓鬼がやってきて、「あなたは三日の後に死んで餓鬼道に堕ちるだろう」と言います。阿難尊者はびっくりして、「どうしたらその苦悩を免れることができるだろう」と訊ねたところ、餓鬼は次のように答えました。

「明日、もろもろの餓鬼や多くの大徳に飲食を施し、さらに仏法僧《ぶっぽうそう》の三宝《さんぼう》に供養すれば寿命を増すことができるだろう」と。

阿難尊者はさっそくお釈迦さまに申し上げて、その教えのとおりに式を調え、陀羅尼《だらに》（真言）を読誦し、飲食をふるまったので、以後、この施餓鬼が広まったと伝えられます。

もともと餓鬼道は貪欲《とんよく》の罪に堕ちて至るところです。ただ彼らに飲食だけを与えても、苦しみは増すばかりです。密教の大欲《たいよく》は大きく願って大きく功徳を積むことです。餓鬼道に苦しむ人たちを救うには、その大欲のこころを伝えて、満たされない渇望感を癒すところにあるのです。

現代の日本で、人々のこころがとかく行き違ってしまうのは、まさに貪欲を大欲に変えること知らない人が増えたためです。あふれる物を与えるより、足るほどの物を包む温かい愛情を分かち合うこころを施さねばならないのです。

施餓鬼はあの世への布施

「布施《ふせ》」と言うからわからない、「分かち合い」と言えばわかる。若者はそう言います。しかし、やはり「布施」という言葉も大事にしたい、と私は考えます。

なぜかといえば、「布施」という短い言葉の中に、古代から連綿と続いてきた真理が込められているからです。

「施」という言葉には、どこか持てる者の優越感があるのではないか、と聞かれたことがありました。そうではありません。施す側と施される側とは、平等の関係にあります。どちらもその本性は仏さまですから、施す者は施しができる豊かさにまず感謝しなければなりません。施される者は足りないことを知ることができたことに感謝して、喜んで布施を受けるこころが大事です。「ありがとう」を言い合えるこころこそ、布施の根本です。

布施は仏教の基本をなす教えですから、私はいろいろな機会に「布施のこころ」を説いていますが、ここでも「布施のこころ」の概略をお話しておきたいと思います。

布施には、何を分かち合うのかによって「財施《ざいせ》」「法施《ほうせ》」「無畏施《むいせ》」と、三つの布施があります。

「財施」は、文字通り金銭や品物を他人に施して、物質的な問題で苦しんでいる人を救おうという施しです。

他人から施しを受けることを屈辱だと思うこころを捨てるのも修行です。そのこころを裏返せば困った人を助けるときに、優越感を持っていることになります。私たちは一人で生きているわけではありません。助けたり、助けられたりしながら日々を送っているのです。困ったときに助けてもらったら、素直に「ありがとう」と言えるこころこそが、生きる力の素になります。

次は「法施」です。これは金品によらない人助けです。何かを教える、困っている人に救いの方法を教える、これが法施です。

三つめの「無畏施」とは、畏れを無くする布施です。自分の労力を使って他人を救い、安心感を分かち合うことです。言ってみれば、スピリチュアルケアはこの「無畏施」の実践と言えるかもしれません。スピリチュアルケアを尊い布施行だと思えば、ケアにも一段とこころが込められるというものです。

布施の教えとは、自分を見つめなおし、あるものを生かして生きることなのです。布施は、生きている人だけが対象ではありません。お盆に行う施餓鬼でわかるように、あの世にも施すことができるのです。

ＤＮＡを通じた先祖とのつながり

お盆は、ご先祖が里帰りをしてくださる、じつはうれしい行事です。形だけではない、きちんとした意味のある迎え火と送り火を焚き、お供えの品々を飾る。そして何より読経し、供養することによってご先祖の霊が慰められる、というところに意義があるのです。

私たちは、二人の親から生まれます。どんな状況で生まれようと、私たちは父親と母親があってこの世に存在しています。両親の親は四人、そのまた親は八人。こうしてさかのぼりますと、十代前には二千四十六人、二十代前は二百九万七千百五十人ものご先祖がいることになります。私という一人の生命がつくられるまでには、数限りないご先祖がいたことになります。

自分は誰の世話にもなっていない、などと言うのはとんでもないことです。ご先祖は自分たちがこの世に生きて得た情報や、そのまたご先祖から受け継いだ生命の情報を、私たち子孫に伝え続けているのです。また、両親から一人の生命が誕生するまでには、七十兆もの精子・卵子の組み合わせがあります。つまりは七十兆分の一というとてつもない低い確率で、私たち一人ひとりの生命はつくられています。

生命はみな同じ仏さまであるという平等性、そして同じものが二つとないという多様性は、宇宙の法則なのです。だから、私たちはわが子を抱きしめながら、「かけがえのないおまえが大切」と教え、「仏さまなのだから、すべての生命は大切」とも教えて、大事に育てる必要があるのです。

生命の情報がＤＮＡに組み込まれていることは、今では常識です。しかし、どのような情報が、それぞれにどう伝わっているのか、またどのように伝えるのかなど、わからないことの方がまだまだ多いのです。

一つのＤＮＡに千ページの本が三千冊分もあるという情報があって、それが一人六十兆個もある細胞の一つひとつに入っているのです。そのＤＮＡがどのようなはたらきをして、ご先祖からの情報をどう伝えているのか。そのミクロな「秘密」に興味は尽きません。

漠然としてはいますが、私はご先祖の供養とは、この私たちの細胞にある遺伝子に良い作用をもたらすのではないかと考えています。その意味では、供養とは私たち自身を供養することでもあるのです。

供養は内なる仏さまを磨く

私たちが生きているこの広大な宇宙と、私たちの身体という極小の宇宙とが響き合って生命はたらく、と密教は教えています。

お大師さまは、仏さまはこころの中におられると教えます。地獄も極楽もじつは人のこころの中にあることになります。霊は私たちの身体の奥底に眠る、もう一つの生命です。祈りが霊を癒し高めて、私たちを守ってくれるのです。大事なことは、まず、私たち一人ひとりが霊なのだ、という認識を持つことです。

じつは霊の存在を信じやすい人ほど霊格が高いものです。霊格の高い・低いはこの世の社会的な地位とはあまり関係ありません。いま幸せに生きているということは、ご先祖が積んでくれた徳という「プラスの預金通帳」のおかげであることを知ってほしいと思います。親の「遺産」で生きて、これをゼロやマイナスにしてしまうと、次はマイナスから始まる生涯に生まれ変わることになります。

これは決して来世のことではありません。昨日の生き方が今日につながり、今日の生き方が明日の自分をつくるのです。

仏教には「絢爛《けんらん》たる貧窮者」という言葉があります。あり余る富や名声をまとっていながら、思いやりの心をもたず、ケチで人に施すことを知らない、貧しいこころの持ち主のことを言います。晩年を満たされないこころで送る大富豪の話を持ち出すまでもありません。

日々の祈りがどれほど内なるご先祖の霊を癒すことでしょう。内なる霊が癒され、安心の境地にあれば、貧しいこころの持ち主になることはありません。仏さまも霊もわが内にある。私たちはご先祖を供養しながら、内なる仏さまや霊を磨いているのです。

日々ご先祖を供養し、内なる仏さまや霊を磨いている人が、スピリチュアルケアに従事すれば、きっと充実したケアが実現できるはずです。

霊は霊格の高い人に助けを求める

私の元には、霊障《れいしょう》に悩まされる人がたくさん訪れます。霊界にはさまざまな霊がいて、それらすべてがいい霊とは限りません。むしろ、下級霊の方が人間にもたらす影響が大きく、その対処法を誤ると大変なことになります。

しかし、もっと大切なことは、霊をいたずらに怖がってはいけないということです。また、霊障が解けると、それでよしとして、そのあと何もしようとしない人がいます。それではいけないのです。そういう人はすぐにまた、別の霊に取り憑かれ、前と同じ堂々巡りの苦しみを繰り返すだけです。

私の見るところ、霊障が起きるのは心のやさしい人、ふだんから善行を積んでいる人に多いようです。心のよこしまな人、我執の強い人には霊はあまり取り憑きません。そういう人に憑いても、供養も何もしてくれないと、霊が知っているからでしょう。

霊が憑いてくる人は、その人の霊格が高く、超深層心理が人より開発されているために感応しやすいのです。霊はその人に助けを求めているのです。霊障とわかったら、怖がらずにしっかり供養してあげることです。そうすれば、喜んだ霊はこんどはその人の守護霊となって守り、その人の霊格をさらに高めるのです。

人は誰もが背後霊をもっています。その背後霊が不浄霊ならば、何かと不都合なことが起きます。守護霊であれば助けてくれます。守護霊は「その飛行機に乗ってはいけない」とか「その道を通ると危ない」などと、超深層心理を通して信号を送ってくれます。こうした霊からのメッセージによって、九死に一生を得る体験をした人は、決して少なくありません。

先祖霊が強力な守護霊に

守護霊の中でもっともパワーが強いのが先祖霊です。ご先祖には徳を積んだ立派な人もいたでしょう。ひょっとして極悪人もいたかもしれません。霊格の高い先祖霊は、もっと高くなりたいと願います。不浄霊となった先祖霊は、何とか成仏したいと子孫にすがってきます。ご先祖の霊を助けるのは難しいことではありません。ご先祖に代わって徳を積み供養することです。これが「追善供養《ついぜんくよう》」です。

大げさな儀式をする必要はありません。毎朝、仏壇にロウソクと線香を立て、水をあげてお祈りをします。いただきものをしたら、「こんなものをいただきました。どうぞ、召し上がってください」と、真心をこめて仏壇にお供えします。そして「般若心経」を唱えれば、いっそうご先祖の霊はよろこびます。仏壇がなくとも、写真を立てたりして同じようにしてもいいのです。

供養された霊は、霊界での力がみるみる強くなります。最初はマッチ一本ほどの光しかなかった先祖霊が、やがてロウソクとなり、電球となり、ついにはシャンデリアのように光り輝きます。その光が強力な守護霊となって供養する人を守るのです。

大正末期から昭和の初めにかけて童謡詩人として活躍した金子みすゞさんの詩に、「大漁」という有名な作品があります。

「朝焼小焼　大漁だ　大羽《おおば》鰯の大漁だ
浜は祭りの　ようだけど
海のなかでは　何万の
鰯のとむらい　するだろう」

大漁にわいている浜の様子を見ながら、身内を亡くした鰯たちへの気持ちに想いを馳せているこの詩には、見えないものへの愛惜と、その鰯をいただく私たちの生命への賛歌があります。それが供養のこころだと、私は思っているのです。

亡くなった人々を供養するこころ、見えないものを思うこころ、あらゆる生命を畏敬するこころこそ仏さまのこころであり、スピリチュアルケアのこころでもあるのです。

「法身何《いず》くにか在る、
遠からずして即ち身なり」（『性霊集』巻七）
大日如来はいずこにおわすのか。極めて近い、わが身中におられる。その仏さまのこころを見つけるのが供養なのです。

お大師さまのこの言葉を信じて、内なる仏さまをご供養してください。

第五章

スピリチュアルケアに瞑想力を生かす

涼風そよぐ　古寺の
池の水面に影映す
げに清らかな蓮の華
瞳をこらし眺むれば
心の底ぞ澄めるなり

第一節　意識を解き放つ瞑想のこころ

リオの白人仏教会での忘れ得ぬ思い出

密教の行は大きく分けて、護摩行と瞑想とに分かれます。「動と静」ともいえる対照的な二つの行法は、いずれも即身成仏というお大師さまの究極の教えに行き着きます。私は日頃は護摩行を修していますが、瞑想も幼いときから教えられてきました。

瞑想を究めた山崎泰廣《やまざきたいこう》師が、「瞑想とは、宇宙と呼吸を通わせて、宇宙のこころを生きること」だと、説いておられます。私たちが抱《いだ》かれている大きな宇宙のリズムと、私たち自身である小さな宇宙とが、ピッタリと一致したとき、私たちは宇宙そのものである大日如来に包まれて、仏さまと一体になることができるのです。

瞑想は全身で思考することです。方法はいくつもありますが、真言密教では阿字観《あじかん》や月輪観《がちりんかん》を中心に瞑想を教えます。呼吸そのもので瞑想に入る数息観《すそくかん》もあります。私が体験した瞑想に関するおもしろい話を紹介しましょう。

昭和四十四年（一九六九年）秋のことです。私は三十三歳、ようやく鹿児島市内に自坊を創建したばかりでしたが、高野山真言宗のアメリカ大陸巡回伝道部長に任命されて、南米や北米各地を回っていました。講演をしたり、説法したりしながら布教に努めるお役目です。その巡回の途中、私はブラジルを訪ねました。ブラジルには日系人がたくさん暮らしていますから、お大師さまの教えを伝える重要な拠点です。

その中心都市リオデジャネイロには、知識人を中心にした白人仏教会というものがあります。私はおよそ五百人が参加したその総会で講演をさせていただきました。

演壇に上がり居並ぶメンバーの顔を見渡して、私は仰天しました。街を歩いている「陽気なリオの男」たちとはまったく顔つきが違います。ロダンの彫刻「考える人」ではありませんが、常に思索しているような難しい顔、物事を冷静に分析しようとしている顔、中には悲しみさえ漂わせる知恵深い顔が並んでいたのです。

それもそのはず、総会に出席していた会員は、政財界人、上級軍人、医師、大学教授、ジャーナリスト、教育者など、それぞれの分野でのリーダーたちでした。東洋哲学にも造詣が深く、仏教のこともよく理解している人たちだったのです。その人たちに、お大師さまの教えをどう伝えればよいか、私はとっさに次のようなことを話していました。

「皆さんはこの国をリードするインテリで、優れた知性と理性をもって仏教を研究していらっしゃいます。それについては大いなる敬意を払いますが、仏教、とりわけ真言密教は身口意《しんくい》の三密《さんみつ》と言って、身体と言葉とこころを一致させて、わが身を仏と成す実践の宗教であり、行を核に据えることからすべてが始まります。机の上の理詰めな研究で学べるものはないのです。私の場合を申し上げると、生家は五百年続く行者の家系で、私は母の胎内にいるときから母とともに行をしてきました。それゆえ行イコール私、なのです。今日はその立場を踏まえ、行者として身体から出てくる説法をしますから、そのつもりでお聴きください」

聴衆とともに三十分間の瞑想

こう前置きして、私は聴衆に向かっていくつかの印契《いんげい》を結んでみせて、なぜその形にするのかを説きました。印契にはさまざまな形がありますが、それぞれに意味がある仏さまとのコミュニケーションの手段なのです。

次に護身法《ごしんぼう》をやってみせました。まず蓮華合掌《れんげがっしょう》をします。そのままで、額、右肩、左肩、胸、喉の順に手を運び、その都度、真言「オンソハハンバ　シュダサラバタラマ　ソハハンバ　シュドカン」を唱えます。私たちは本来、仏性《ぶっしょう》を秘めていながら、煩悩にさいなまれ、貪《とん》・瞋《じん》・癡《ち》の三毒に覆われているため、なかなかその仏性を発揮できません。そこでこうして身を浄めるのです。

続いて仏頂印《ぶっちょういん》を結んで、真言「オンタタギャト　ドハンバヤ　ソワカ」と唱えました。さらに八葉印《はちよういん》を結んで「オンハンドボ　ドハンバヤ　ソワカ」を、三股印《さんこいん》を結んでヘソ下に印を置いて「オンバゾロ　ドハンボヤ　ソワカ」と真言を唱えました。そして、なぜそうするのか、どのような内容であるのかを、通訳に訳してもらいました。

人間は大日如来から体という衣を着せられて生まれてきた存在で、死ねば再び大日如来のもとに還る。人間は大日如来の分身と表現してもよく、仏性があって当然なのである。だからこころで諸仏に念じ、身体で帰依を表現し、口で真言を唱えて本来のパワーが出てくるように祈るのだ。私はそう説いて、聴衆に三十分間、瞑想するようにお願いしたのです。

　会員は書物からの知識はあっても、実際の修法を目の当たりにしたのは初めてのはずです。おまけに解説つきなので理解が早く、大きな感銘を受けた様子でした。

　私自身も壇上で瞑想しました。三十分経ったとき、大声で声明《しょうみょう》をあげ始めました。意識の奥で体内時計がはたらくので、時計を見なくとも時間通りに瞑想から戻ってこられるのです。
　私の声明の響きで、聴衆はハッと自らの行から醒めたようでした。
「皆さん、実際に行をしてみておわかりになったと思います。仏教とりわけ真言密教は、身体で理解していく教えなのです。書物では無理なのです。だから師資相承《しししょうじょう》といって師匠が弟子に一つひとつ実践で教えるのです。私はこれから自室に引き上げますが、私の弟子になって身体で教えを伝授してほしいという人は、三分以内に訪ねてください」
　私はそう結んで講演を終え、何人かは訪ねてくるだろうと思いました。ところが、どーっと、会長以下ほぼ全員が押し寄せてきたのです。私はそこで、「池口恵観の弟子となり、生涯、真言密教を勉強します」という誓書をそれぞれに書いてもらいました。興味本位での修法は危険だからです。

すると、会長が「明日、さっそく実践指導していただきたい」と言います。私は「よろしい。では全員、真っ白の着物を着てくるように」と応じました。

こうした会話を昨日のように鮮明に思い出します。それは、若いときの印象深い体験だったからというだけでなく、瞑想の力をまざまざと実感し、改めて仏さまに触れたという感動的な体験だったからです。

再確認した瞑想の力

翌日、ほとんどが白服のシャツを着てきました。シーツを体に巻きつけて現れた人もいました。その真剣さに、私は打たれました。

私は、皆に三礼を何回もやってみせ、その意味と意義を説きました。「百八回繰り返すのですよ」という私の言葉に、全員その場で私のやった修法を熱心に実践したのです。さらに、私は前日に見せた護身法を一つひとつ教えました。

「自分のこころと身体を浄め、身口意を一致させ、大宇宙のリズムと一つになれば、そこに遍満している智慧と慈悲をいただけるのです」

このように実践指導を交えた講演は、白人仏教会に大きなインパクトを与え、この会が出版する東洋学の本には、私の言葉が何カ所にも引用されることになったのです。

これは決して自慢話ではありません。お大師さまが説く、実践第一の教えを身をもって体験した私の感動を、広く知っていただきたいのです。実践で得る感動こそ、お大師さまの教えの扉を開ける大きな力になります。

そして、もう一つ、このように短い時間に多くの人々のこころをつかむことができたのは、おそらく全員で同時に行った瞑想の力だと、私は確信しているのです。

私が、リオの会員たちとともに瞑想を始めたとき、「六大」の一つである「識」は、そこにいるすべての人たちの中で溶け合っていたのだ、と思います。個の生命が一体となって存在するとき、それは宇宙と私たち一人ひとりの生命が一体になっているのだ、と私は感じます。書物ではない、活字ではない仏さまの実感を、会場で瞑想する全員が共有したのです。だからこそ、全員がもっと教えを深めたいと、私の弟子となることを願ったのでした。

瞑想は身体という束縛から意識を解き放つものです。自由になった意識は広大な宇宙の中に遊びます。大きな宇宙のリズムと、自分という小宇宙のリズムが一つになったとき、大きなパワーが生まれます。スピリチュアルケアに従事している人にも、私はぜひ瞑想を実践して、宇宙のパワーを自分のものにしてほしいと、こうして瞑想のお話をしているのです。

自らの身体に五輪塔をイメージせよ

私はこのリオでの体験を思い出すたびに、お大師さまの『即身成仏義《そくしんじょうぶつぎ》』の次の一節を思い起こします。それは、私にとっては、とりわけ深く心に刻まれている言葉です。

「真言者円壇《えんだん》を
先づ自体に置け
足より臍《ほぞ》に至るまで
大金剛輪《だいこんごうりん》を成じ
これより心《むね》に至るまで
当《まさ》に水輪を思惟すべし
水輪の上に火輪あり
火輪の上に風輪あり」

現代の言葉に訳しますと、

「真言行者よ、円壇を
まず自らの身体におけ
足より臍《ほぞ》に至るまで
大金剛輪として観想し

そこから心《むね》に至るまでは
まさに水輪を思うべきである
水輪の上に火輪があり
火輪の上に風輪がある

「真言行者よ」と、お大師さまに語りかけられる声が聞こえてくるような、胸打ち震える響きが、この言葉に込められていて、私を奮い立たせてくれます。

原文を声を出して読んでいると、身体のそれぞれに五つの輪が重なっているのが、強く感じられます。私たちの身体には、このように五大の定位置があって、身体が動けばこれらが動いて交わり、こころが動けばこれらの輪が溶け合って虹色の輝きを放つのです。そんなイメージが私の胸に描かれます。

私の身体そのものが「生命の塔」になっている感覚、と言いましょうか。その塔のイメージを観想せよ、とお大師さまが問いかけておられます。教えにしたがって、行をなす者すべてにお大師さまは呼びかけました。教えは非常に具体的に語られています。

「円壇を自らの身体に置いて、足から臍《へそ》までの位置が大金剛輪だと観想しなさい。そこから胸のところが水輪だと思いなさい。その上に火輪があり、さらに風輪があると念じて、わが身を宇宙と一体化させなさい」と、お大師さまは教えているのです。

真言行者の役割は「識」そのもの

円壇とは宇宙です。自らの体内に生命の故郷である宇宙を再現してみよう、ということです。「生命が六大からつくられているのなら、この身体にその一つ一つを当てはめ、そうして仏さまに触れてごらんなさい」と、お大師さまは言われるのです。

五つの輪から成る塔、すなわち五輪の塔は、この教えにしたがって、下から地・水・火・風そして空を象徴してつくられています。

さらに次のような言葉が続いています。

「円壇とは空なり。真言者とは心大なり」

現代の言葉に訳すと、「円壇とは空大のことである。真言行者とは、精神を有する者であるから識大を示している」となります。真言行者は、まずわが身の「六大」をしっかりと意識するように、とお大師さまは教えているのです。

「六大」については第二章の第三節でも詳しく触れていますが、お大師さまは、身体に再現する「円壇」とは「空」の世界で、行者は「地・水・火・風・空」の五大をつなぐ「識」そのものなのだ、と教えているのです。

「識」が曇れば、「空」に霧が生じます。霧が生じた空に「風」が凪《な》ぎ、水も動かず、火も燃えず、地は冷え冷えとして、万物の動きを抑えます。行者は祈りによって「五大」の世界に温かく明るい光を取り戻す、仏さまの使者なのだ、というお大師さまの言葉をしっかりと胸に刻んで、私は行に励んでいるのです。

これをスピリチュアルケアの世界に当てはめれば、ケアを施す人こそ「識」の役割を果たすことが求められていると言えるでしょう。スピリチュアルケアの現場が曇り、霧が生じ、風が凪ぎ、水が動かず、火も燃えず、地が冷え冷えとした状態にならないよう、スピリチュアルケアに携わる人は、常に自分の身体に五輪の塔を思い描き、わが身を仏さまと一体化させて、光をもたらすように努めなければならないのです。

行で得た力を世界の幸せのために

亡くなった母の智観尼はいつも私に厳しい意見を言っておりましたが、こと行については、「恵観のお加持は効くからやってもらいなさい」と、信者さんたちに言っていました。私の本分をきちんと評価してくれていたのだと、今もその言葉を励みにしています。私の加持がなぜ効くのかといえば、私がお加持をするときは、どんな場合でも、本気の本気でするからです。

この人の苦しみがなくなりますように。

この人の体に光が戻りますように。

この人に取り憑いている悪い霊が離れてくれますように。

この人のこころのわだかまりが消えますように。

この人のこの痛みがなくなりますように。

「本気の本気」とは、比べようのない強い信念で祈ることを意味します。大げさにいうなら、「たとえ死んでいても息を吹き返しますように」と、強く強く念じるのです。

「お尋ね」の相談に来られた方や病気に悩む信者さんは、みな不安な気持ちを抱えてやってきます。ご縁があって私を頼って訪ねてこられた人たちです。私は仏さまの代理人です。「過去・現在・未来にわたる三界の大導師」となって人々を苦しみから救いたい、良い方向に導きたいと、幼いときから願い続けてきた真言行者です。その行者としての信念は、お大師さまの「真言行者よ、円壇をまず自らの身体におけ」という教えに始まっています。この言葉はまさに私の宇宙に響いて、精神を覚醒させてくれたのです。

お大師さまの教えをまっとうするために、私は人生を賭けて行に打ち込み、行で得た力を日本だけでなく、世界の人々の幸せのために使いたいと、ひたすら行一筋の道を歩んできたのです。わが身を仏と成し、人々に代わってその悲しみ、苦しみをわが身に与えたまえと、厳しい行を毎日、自らに課しているのです。スピリチュアルケアを実践している人たちにも、自分は「仏さまの代理人」の気持ちを持って、本気の本気でケアに取り組んでいただきたいと思います。どうすれば「仏さまの代理人」になれるかは、ここまでお読みいただければ、おおよそご理解いただけるのではないかと思います。

「行者は磐石のごとく」

自ら「六大の塔」となって祈るのですから、不動の姿勢でなければなりません。行をしているとき行者は、心身ともに磐石《ばんじゃく》のごとく座り、内心の恐怖や苦衷を微塵ものぞかせてはならない。それが母の教えでした。

私が初めて八千枚護摩行を成満したとき、母は「よくやったけれど、五十点」と、からい点をつけました。なぜなら、私の後ろで不動真言を唱えながら、私の身体が揺れているのをしっかり観ていたようです。

「お前は肉体の苦痛に負けて肩や背中が小刻みに動いてしまう」

母は私にそう言いました。「行者は磐石のごとく、美しい姿で行をするように」という母の教えの根底には、行者は「六大の塔」であるという、お大師さまの尊い教えがあったのです。

今、私の不動の後ろ姿を見ながら、信者さんたちはともに真言を繰り、「般若心経」を唱えます。それは私を見ているのではない、仏と成っている「六大の塔」を見ているのだと思って、私は日々行に励んでいます。

「一生懸命、朝から晩まで拝んでいれば、何だって可能になる」

これも母の教えです。だから私は行に励んできました。思えば、私の家が室町時代から今日まで続いているのは、ひたすら行をしてきたからです。お大師さまの教えのごとく、円壇を身体に置いて、先祖代々、苦しむ人々のために祈ってきたのでした。

「先祖は天狗さんとなって、困っている人を救うために日本中を飛び回っていた」

父は私に繰り返し繰り返しそう語りました。その裏には、「行に励めば、天狗となって空を翔け、人を助けられる家系なのだから、そのつもりでやれ」という励ましがあったのです。

このように両親から「行者としての芯」をしっかりと教えられたことが、今日の私をつくってくれたのだと、両親の愛をしみじみと感じます。

第二節 祈りと瞑想

大日如来を象徴する「阿字」

宇宙という円壇に、生命の塔をしっかり建てるために、私たちは日々を生きている。それがこの世に生まれ来た使命ではないか、と私は思います。

宇宙とは何か。「阿字のふるさと」です。「それ、阿字に会う者は、みなこれ決定してこれを観ずべし」と、お大師さまは説きます。

阿字とは梵語の最初の言葉です。口を開いて最初に出る「アー」とも「オー」とも響く言葉には、宇宙の生命の秘密が込められています。人は「オギャー」と生まれます。「ア」から始まり、「ン」と息を引き取ります。それが生命の始まりと終わりなのです。

「阿字の子が阿字のふるさと立ちいでて　またたち帰る阿字のふるさと」

お大師さまの歌です。生命は阿字から旅立って宇宙をさまよい、やがてまた阿字という大いなる仏さまのふところに帰っていく。それが生命の旅、こころの旅なのだ、とお大師さまは教えます。

その生命の源を私たちに感応させる「阿字」の瞑想をすれば、私たちの仏性を覆い隠している三つの毒を払って、仏さまと一体になることができるのです。

ちなみに阿字は仏教・密教だけでなく、キリスト教の「アーメン」や神道の警蹕《けいひつ》なども、「アー」「オー」と声を発します。密教では、阿字は大日如来の象徴であり、もっとも神聖な文字として扱われます。『左脳で記憶すると数百倍損をする』（青春出版社）という本にも書きましたが、密教の瞑想は精神の癒しというだけでなく、潜在意識を活発にするはたらきがあります。

密教瞑想法の基本は、自分の胸の中に澄みきったまん丸い月を思い描き、その月輪《がちりん》の中にさまざまな梵字《ぼんじ》の神秘な字義を観想します。梵字は瞑想によって三昧耶形《さんまいやぎょう》となり、三昧耶形が変じて仏さまの形となり、その仏さまと自分とが一体になるのです。

阿字観で得る「即身成仏」の実感

密教瞑想法のなかで最も一般的な「阿字観《あじかん》」について説明します。阿字観は、まず直径四十センチほどの丸い円の中に蓮華座を描き、その上に梵字の阿字を書いた掛け軸「阿字観本尊」を用意します。瞑想する場所はゆったりした静かな場所に限ります。壁の色や明るさもおだやかな場所がいいでしょう。ゆったりした服装を身につけて、身体を締めつけないようにします。阿字観本尊は月輪の底が行者、つまり瞑想をする者の瞼《まぶた》と同じ高さになるように壁に掛けます。

この本尊から六十センチほど離して座布団を置き、二つ折りにして腰の下に敷きます。本尊の前に香炉を置き、良い線香を二本立てて、準備は完了です。ひと通り終えるのに十五分ぐらいかかります。

呼吸を整えて静かに真言を唱え、手に印を結んで、清らかな阿字・蓮華・月輪を自分の胸の中に入れて観想します。慣れると、瞑想の世界の広大なことや豊かさが、自分の体でわかるようになります。自分の身体やこころがそれまでとは違ったものに変化していくことに気づくでしょう。

そうすると、自分という存在が一人ぼっちで、孤立して存在しているのではない、ということが直観的にわかってきます。ご先祖から連綿と伝えられた生命の結果がいまここに存在する自分であること、その生命がいま存在するあらゆる生命と網のようにつながっていることがわかるのです。それは、自分と宇宙、仏さまと自分とが一つのものである実感なのです。

まさにこの身のまま仏と成る、「即身成仏」の世界です。瞑想が私たちを仏さまの世界に連れて行ってくれます。

また、私ども行者にとっての「即身成仏」とは、行によって得た仏さまの力を、苦しむ人と分かち合って、その苦を取り除くことでもあります。それが加持なのです。

印を組み、真言を唱え、ご本尊を念じる「身口意《しんくい》」に行の真髄があり、そこで得た「同悲」のこころ、仏の力をいただいた充足感、それを分かち合って人々を救うのが加持の本来のあり方です。行とは苦しみを超えて得る大いなる歓喜の世界であり、行によって得た仏性を多くの人々のために分かち合い、安心への道を開いていくのが、お大師さまの教えです。

加持とは、心身を清めた行者が仏さまと一体になって、仏さまの光を体内にくみいれることです。その瞬間、行者は仏そのものとなります。これが「即身成仏」です。

瞑想で悟りを開いたお釈迦さま

仏教は瞑想から生まれた、と言っても過言ではありません。お釈迦さまは生きるとは何かを考え、第一章第一節で前述したように、人間を苦から救うためにはどうしたらいいかを探して、生家の王宮を離れ苦行に入りました。

死と背中合わせの苦行を続けましたが、生命の真理を悟ることはできません。お釈迦さまはついに苦行を止めて人里に出てきました。川に入って心身を清めている姿を見た村娘の差し出す一椀の乳粥《ちちがゆ》を召し上がったお釈迦さまは全身に力を甦らせて、菩提樹の下で瞑想に入り、ついに悟りを開くのです。

当時、お釈迦さまは三十五歳でした。瞑想するお釈迦さまを、悪魔が十軍を張って取り囲み、悟りに至るのを邪魔をします。

悪魔の十軍は、貪欲に始まり、憂愁、飢渇、愛欲、睡眠、畏怖、疑念、含毒、利欲、高慢の順に襲ってきます。このときのことを詳しく記しているのが、密教の開祖とも伝えられる龍樹菩薩の『大智度論《だいちどろん》』です。私たちはこの経典によって、煩悩の悪魔と戦う術を教えられます。

お釈迦さまは、煩悩とは外界のものでなくわが心中にあるものと知り、智慧をもってこれを照らしました。わがこころの闇にうごめくこれらの「悪魔」は、智慧の光に照らされると、やがて降伏してわが味方となりました。闇の中に「有るもの」を悪だと処断し、闇の中に置き去りにして背を向ければ、闇はますます深くなり、見えるはずの部分までが閉ざされて見えなくなってしまいます。こころが閉じる、ふさがれる。

それでは生命の活動は小さくなってしまいます。

不動明王《ふどうみょうおう》が剣と縄を持って忿怒《ふんぬ》の形相《ぎょうそう》をしているのは、衆生が地獄に堕ちるのを救うためです。お不動さまは古代インドの征服された民族の神でした。それを「敵」として排除せず、守り神として大日如来の化身とした、密教の包容力の深さを思います。

こうして悪魔を退けたお釈迦さまは、生命の本質にたどり着いたのです。瞑想がわが内にある仏さまにたどりつく道となったのでした。

「継続してこそ行である」

ひたすら仏さまを観じるところに、瞑想の世界が生まれます。

私の亡くなった母、智観尼は、私とは違って護摩行はせず、瞑想と読経を行としていました。母は平成三年十二月六日、八十六歳で入寂しましたが、亡くなる日の天候を前もって語っていたほど、法力の強い人でした。弟子や信者の方たちからは、「仏さんのようにやさしい」と言われましたが、私には厳しい、厳しい母でした。

人生の半ばになって、先祖の衣鉢を継いで行者の道を選んだ父にしたがい、母は子供たちを育てながら行に励みました。第二章第三節でも触れましたが、「継続してこそ行である」、それが母の信念でした。

行は、毎日毎日休むことなく続けることこそ大事だという信念のもと、母の行は亡くなる少し前まで続きました。私は幼い頃、夜によく泣いたと姉から言われました。隣で寝ているはずの母の姿が見えない心細さに泣いたのです。

母は朝から晩まで仏さまの前に座っていました。信者さんが相談にみえると多少移動しますが、お帰りになると再び「定位置」に戻ってお経をあげていました。そして、そそくさと早めの夕食を摂ると、五時には寝てしまいます。午前零時まで寝て、それから朝六時まで真言経典の七巻を繰り返し繰り返し、ひたすら読経していました。

相談に来られる人の悩みはいろいろあります。母はどんな小さなことでも相談に乗っていました。母には普通の人には決して見えないものが見えました。内臓の病気など、まるでレントゲン診断のように正しく指摘したので、相談に来た方はみな強烈な信者になりました。私心なく祈ることが母の信念でした。

母が言い当てたことで、今でも語り伝えられることがあります。もうずいぶん昔のことです。アメリカの新聞王ハーストの孫娘が誘拐されたとき、その連れ去られていた場所を言い当てたのです。パトリシアという名の令嬢が誘拐されたニュースは、世界的な騒ぎとなりました。そのとき、母は弟子たちにせがまれ、じっと瞑想した後にこう言ったのです。

「犯人はサンフランシスコからそんなに遠くないところにいる。市内をこう行って、こう抜けたところに、こんな施設がある。その奥に……」

海を渡ったこともない母が口にした場所は、新聞やラジオで報道されていた場所とあまりにもかけ離れた意外なところで、誰も信用しなかったのですが、後日、パトリシアが救出されたときに判明した場所が、まさに母が指摘した場所だったので、周囲はみな唖然としたのでした。

祈りが鍛える瞑想力

千里眼あるいは透視と言われる能力でしょうが、母は、どなたかの役に立つと考えたとき以外、その力を使いませんでした。当時の弟子たちは、母の言ったことを信じてアメリカの警察に教えてあげていれば、事件はもっと早く解決していたのにと、悔やんだそうです。

母がそうした能力を持てたのは、祈りによる瞑想が母を守ってくれていたからだと、私は信じています。

一般の人がそこまでの千里眼、透視力を身につける必要はないのかもしれません。しかし、私たちが生きていくうえで、洞察力、先見力、判断力、思いやりといった力は欠かせません。瞑想はそうした力を磨いてくれます。時々真剣に瞑想する時間を持つことができれば、スピリチュアルケアにおいて相手を思いやるこころが一段と磨かれて、さりげなく感謝されるケアができるようになります。

母が瞑想しているとき、それは「識」が広大な宇宙にあるということだと、私は知っていました。母の「識」は星々がまたたく宇宙空間に飛んで、そこから必要なものごとを見極めることができたのだ、と思います。そのような深い瞑想が可能だったのは、まさに「朝から晩まで祈っていた」賜物でしょう。

瞑想は、内なるわが世界を照らし出してくれます。

自らの仏性を覆うものが何なのかが見えるようになれば、これを心の眼が開いたといえましょう。心眼によって物事を見ることができるようになれば、見えないものが見えてくるのだと、私は信じています。

母に比べれば、私の心眼はまだまだ磨きが足りないと、いつも戒めています。しかし、亡くなった母ではありますが、私の傍に、いつもいてくれると感じています。

生死《しょうじ》の境を超えて、生命の本質に触れることができるのが、瞑想です。私たちは、円壇に虹色の塔として存在するのだと、お大師さまは教えてくださっているのです。虹を見つけたとき、生命はもう一度、光を取り戻して、再生するのです。

物忘れ防止には「求聞持法」

日本はいま、高齢化社会に入ってさまざまな問題が起きています。年をとったら物忘れがひどくなります。物忘れと認知症は違いますが、物忘れが進んだ形で認知症になってしまうお年寄りが少なくありません。自分が自分であることを忘れてしまったお年寄りの介護が、大きな問題になっています。

私は「物忘れには求聞持法《ぐもんじほう》ですよ」と言っています。「虚空蔵菩薩求聞持法《こくうぞうぼさつぐもんじほう》」については第二章第三節でも触れていますが、八千枚護摩行と並ぶ真言密教の秘法で、これを修すれば必ず記憶力が大変良くなるというものです。

「ノウボウ　アキヤシヤギヤラバヤ　オンマリキヤ　マリボリソワカ」

これは虚空蔵菩薩の真言です。真言はサンスクリット語を漢字に音写したものを、そのまま音読みにしています。この真言のサンスクリット語の意味は、「虚空蔵菩薩に帰依したてまつる。花飾りをつけ蓮華の冠をつけた人に幸いあれ」というものです。ほかの真言も同じように、この言葉自体にはあまり意味がありません。

しかし、この真言を「求聞持法」に用いますと、大変な記憶力がつくのです。「聞持」の言葉どおり「聞いたことを持つ」、つまりは記憶する能力を得ることができる秘法なのです。

「この法成ずれば、即ち聞持の力を得て、一度耳目にふるるに分義ともに解す。これを心に記して永く永く遺忘することなし」と、この法を説く経典（『仏説虚空蔵菩薩能満諸願最勝心陀羅尼求聞持法』）に説かれています。

「求聞持法」はただ虚空蔵菩薩の真言を唱えればいいというものではなく、難しい作法があります。しかし、そこまでしなくとも、真剣に真言を百万遍唱えるだけでも、大変記憶力が良くなるのです。

神秘体験を追究し唐へ渡る

お大師さまは若き日に、一人の僧侶からこの秘法を教えてもらい、実践しました。よく知られている、お大師さまの生涯を決定づけたエポックメーキングな出来事は、求聞持法の修行によるものでした。

お大師さまは、阿波の大滝嶽によじのぼり土佐の室戸岬で真言を唱え続けました。

「谷、響を惜しまず、明星、来影す」

お大師さまの唱える真言が、谷に響くように修行の成果を表し、虚空蔵菩薩の象徴である明星がお大師さまの前に現れた、というのです。口の中に明星が飛び込んできた、とも伝えられるこの神秘体験によって、お大師さまは、さらなる探究心を持ちました。

「これは、いったいどうしたことなのか」

不思議なことが何に由来して起こるのかを、お大師さまは経典を繰って、神秘のはたらきについて追究したのです。

しかし、日本にある経典だけではどうしてもわかりません。ある日、お大師さまは『大日経《だいにちきょう》』と出会います。そこに、生命の源は大日如来であること、人は修行すれば無限の法力を得ることができる、と説いてありました。しかし、経典を読むだけではわからないことがたくさんあります。お大師さまは何としても中国、当時の唐帝国に渡って、この教えを究めたいと願い、とうとう留学を果たすのです。

お大師さまが唐に着いたとき、すでに中国語に堪能でした。さらに後に唐皇室からも賞賛される見事な書を書き、文章にも優れていました。いったいどうしてこのようなことが可能だったのでしょうか。私は、お大師さまが大学を辞めて、険しい山奥や海辺で独り修行をしていた時期に、もしかしたら中国へ渡ったことがあったのかもしれない、と考えたことがありました。

しかし、そうではなく、おそらくは「求聞持法」を修法して、大変な記憶力を習得したのではないかと、今では考えています。求聞持法は、おそらく脳のはたらきを活発にする「響き」を持っているのだと、私は思っています。

もう一つの秘法である「八千枚護摩行」も全身全霊を打ち込む荒行で、私はこれまで九十四回修していますが、この行によって体内細胞が目覚めていくことを実感しています。

二大秘法をつつがなく成満し続けてこられたおかげで、私は仏さまのはたらきを感応できる行者になれたのだと、いつも感謝の気持ちでいっぱいです。

真言の波動は宇宙と交感する

お大師さまの著作『声字実相義《しょうじじっそうぎ》』に、こんなことが書いてあります。

「もし秘密の釈を作《な》さば、一一《いちいち》の言《ごん》、一一の名《みょう》、一一の成立に各《おのおの》よく無辺の義理を具す。諸仏菩薩、無量の身雲を起して、三世に常に一一の字義を説きたまふとも、猶尚《なおし》尽くすこと能《あた》はじ。何《いか》に況《いわ》んや凡夫をや。今、且《しばら》く一隅を示すのみ」

現代の言葉に翻訳すれば、このような意味になります。

もし秘密の意味について解釈するならば、次のようである。真言の一つ一つの文字、一つ一つの単語、一つ一つの句に、それぞれ限りない意味が備わっている。諸々の仏や菩薩が、雲のように計り知れないほどの身をあらわして、過去・現在・未来にわたって休みなく一つ一つの字の意味を説かれても、なお説きつくすことができない。だから、普通の人間にそれがかなわぬことは言うまでもない。今はとりあえず、その一端を示すばかりである――。

真言の一つ一つの言葉には、じつは宇宙に響き、宇宙からのメッセージを受け止める波動がある、ということだと私は解釈しています。密教は、この宇宙そのものを仏さまとして大切にします。「響き」については後述します。

大日如来は尊い教えを説いていますが、これは誰のためというものではありません。教えを説くことそのものが、大日如来のはたらき、つまりは生命の活動の原点なのです。教えの言葉は、まるで宝石のような輝きを放って宇宙に満ちています。その言葉の一粒一粒が、私たちを生かしています。

私たち衆生は欲に目がくらみ、怒りにわれを見失ない、悩みに打ち沈むあまり、大日如来の光に輝く一粒一粒が見えなくなってしまうときがあります。

大日如来は、ご自身で衆生を救うことはありません。お不動さまや観音さま、虚空蔵さまなど、あまたの菩薩、明王をお遣わしになって私たちを救い、願いをかなえてくださるのです。

お大師さまは「虚空蔵菩薩求聞持法」を深山幽谷、崖っぷちや荒波が襲う海辺の洞窟で、何回も何回も修しています。どれほどの能力が開花したことでしょうか。

お大師さまが唐の都、長安で師事した恵果《けいか》和上《わじょう》は、お大師さまの卓抜な理解力、とてつもない集中力をたちまちのうちに見抜き、二千人もいた弟子の中から、ただ一人の後継者に抜擢されました。和上の決断も驚きますが、やはり選ばれたお大師さまの能力の偉大さに感動します。

お大師さまの超人ぶりは決して伝説のたぐいではなく、事実であったと考えています。見事な書が残り、膨大な著書が残り、招来したあまたの経典や文物が残り、さらにお大師さまが最先端の土木知識をもって修復した讃岐（香川県）の満濃池《まんのういけ》が残っていることを思えば、お大師さまの偉大さがよく実感できます。

お大師さまが「求聞持法」を修したことによって得た神秘体験が、千二百年の時を超えて、私たちを導くきっかけとなったと言ってもよいでしょう。

お大師さまが感応した「般若心」

「求聞持法」の修行を終えたお大師さまは、もはや名誉や財産、出世といういわば俗世の欲を超越されたようです。

「市場の騒がしさを早く離れたいと、餓えるほどに願うようになり、軽やかな衣や肥えた馬というような贅沢な暮らしを見ると、あんなものは水のように流れてしまうものだと感じ、身体が不自由だったり、あるいは貧しい様子をした人を見ると、いったいどんな因果で辛い思いをしているのだろうかと哀しくなるようになった」と書いています。

この思いは、お大師さまの著書『三教指帰《さんごうしいき》』に書かれたものです。見せかけの安楽な生活、あるいは苦しみの人生の奥深く、人間の魂は何を喜ぶのだろうか、とお大師さまは考えるようになりました。超常の不思議な現象を、お大師さまは宇宙から問いかけられたと受けとめ、人々を救う道に生涯をかけることを誓ったのです。

お大師さまを出家への道に導いたもの、それは直観的な智慧、「般若心《はんにゃしん》」だと思います。仏さまの智慧、慈悲、生命のエネルギーそのものを、お大師さまは直観的に感じとったのです。谷に響きわたり、海のかなたにまで届くばかりのお大師さまの真言が、自然の中に遍満する生命のエネルギーに共鳴したのです。

自然の中に一人身を置いて厳しい修行を重ねているうちに、お大師さまは「超人」となりました。誰もができるなまやさしい修行ではありません。しかし、お大師さまが導く方向に向かって努力を重ねていけば、必ずや仏さまと出会い、その法力を得て人々の役に立つことができる。私はお大師さまからそのことを学んで、今日にいたっています。

第三節　仏教的「食のこころ」に学ぶ

多様化する食の問題

私は現代の日本、あるいは世界が抱える問題の一つが、食の問題であると痛感しています。世界には、飢餓に苦しむ人たちがたくさんいます。その一方で日本をはじめ先進国は、食べ過ぎが健康に悪いと指摘されるほど、飽食の時代に暮らしています。しかし、二十一世紀に入って、そうした食の環境に異変が生じています。

トウモロコシからエタノールという燃料を作って石油資源を守ったり、環境保護につなげようという動きが活発になりつつあります。ところが、トウモロコシを主食にしている人たちが、トウモロコシ不足に直面する事態が起きています。穀物から代替エネルギーを取る流れが進めば進むほど、穀物不足、食糧不足を助長し、飢餓が深刻化する恐れがあるのです。

また、それを避けるために穀物を増産しようとすれば、こんどは熱帯雨林など貴重な自然を破壊して耕地面積を増やさなければならず、環境保護、温暖化阻止に逆行することになりかねません。食糧問題はエネルギー問題、人口問題とも絡んで、地球規模の大問題になっています。

食の問題はそれだけではありません。「毒入りギョウザ」事件に象徴されるように、食の安全にも不安が生じています。さらに、日本は食糧自給率がとても低いので、世界の政治・経済情勢が不穏になれば、すぐに食糧の供給に影響が出るということも指摘されています。

日本人は食べ物を摂り過ぎてはいないでしょうか。食べ過ぎでメタボになり、「糖尿病予備軍」に数えられている人がたくさんいます。そんな食をめぐる問題を見聞きするたびに、一人ひとりがもっと「食」について、しっかり考えなくてはならない、と思うようになりました。

「衣食住」という言葉があるように、「食」は人間が生きていくうえで欠かせない要素です。健康な人は言うまでもありませんが、病気の人やお年寄りにとっても「食」は避けて通れない問題です。

スピリチュアルケアの現場においても、「栄養サポートチーム」が参加し、「食」の面からケアをサポートしているケースがあるようです。スピリチュアルケアの現場でも、食の問題は決して他人事ではないのです。そこでこの章のテーマである「瞑想」から少し離れて、ここで密教から見た「食」について取り上げておきたいと思います。

団子一個で孤島で修行した曽祖父

お大師さまは恵まれた環境に生まれ育っています。お父さんが讃岐の国司ですから、今でいう知事の息子に生まれています。讃岐は瀬戸内の魚も野菜もふんだんにある土地柄です。幼いときからおいしい食べ物に囲まれて育ったと思います。

しかし、お大師さまの著作には食べ物の話はほとんどありません。自然の中で荒行を重ねるようになってからは、街の暮らしが嫌になったと書いています。お大師さまは、街の騒々しい雑踏、欲望渦巻く喧騒を離れて、山の中で暮らす方が楽しく感じるようになったのです。

おそらくお大師さまは、食べる欲望を卒業していたと言いますか、食べることについてはすでに俗世を超越しておられたと思います。しかし、決して食べることをおろそかにしていたわけではありません。生きるために食べることは必要です。生きるということは、別の生き物の生命をいただいて生きることなのです。「いただきます」という日本の食事作法の言葉は、感謝のこころのあらわれです。こういう言葉は他の国にはないと聞いています。

お大師さまは、修行の間は山の中ですから、食べ物など楽に手に入りません。食べ物のことを書かなかったのは、さほど召し上がらずとも済んでいたのではないか、と思うのです。

私は代々の修験《しゅげん》の家系に生まれました。口伝でしかその足跡はたどれませんが、幕末から明治時代に生きた曽祖父のことを、古老からしばしば聞かされて育ちました。

曽祖父は修行のために、何度も孤島に出かけました。持って行くのは、ピンポン玉くらいの大きさに丸めた米団子《こめだんご》一個だったようです。それで二十一日間、たった一人で過ごすのです。送っていく船頭に、二十一日経ったら迎えにくるようにと言い残して、孤島に上陸し、二十一日後、何事もなかったように迎えの舟に乗ったのです。

仙人は霞を食べて生きていたと言います。それは決して誇張ではありません。科学的には証明できませんが、私自身が大きな行のたびに、菜食から水だけの生活を体験していますから、ほとんど飲まず食わずという生活の感覚はよく理解できるのです。

「お忙しいのに、よく身体がもちますね」と、よく言われます。私は「行のおかげです」と答えます。行には脳の活性化を促し、生きるパワーを磨く作用があります。厳しい行はたしかに体力を大変消耗させます。しかし、密教には、それに負けない体力づくりのために、古代からの「食」の知恵が伝えられているのです。

僧侶の戒律には、食事は「精進料理」と定められています。私は厳密にこれを守ってきました。肉食はタブーです。そのほか刺激の強いもの、塩分の多いもの、匂いの強いものはいっさい口にしません。日常好んで食べるのは、野菜、果物、豆腐など大豆加工品、海藻、魚介類です。酒やタバコやコーヒーもいただきません。飲むのはお茶か天然ジュースです。精進料理は自らの肉体に秘められた無限のパワーを引き出すために、よく考えられた食事なのです。

十穀断ちして臨む大きな行

密教などの精進料理でもっとも使われるのが胡麻《ごま》です。私も小さい頃から、胡麻豆腐をはじめ胡麻は日常の食事の定番でした。胡麻にはビタミンEがたっぷり含まれており、はやりの言葉を使えば「血液サラサラ」の食品です。ビタミンEには毛細血管に付着する悪玉コレステロールを掃除するはたらきがあることは、よく知られています。消化器官に負担をかけず、脳に新鮮な血液をスムーズに送るのが胡麻なのです。胡麻は小さな身体に大きなパワーを秘めた食べ物です。

胡麻はエジプト、メソポタミア、ガンジス、黄河の古代四大文明の時代から、「おいしい万能食品」として知られていました。アフリカを原産とする古い古い食品です。密教には、古代文明の知恵が色濃く残っています。とりわけ脳細胞を活性化させる胡麻のはたらきを経験的に熟知し、伝えてきたのです。

私は大きな行に入るとき、穀物を断ちます。精進料理の前行から、正行に入ると穀物断ちです。五穀断ちでは、稲、大麦、小麦、小豆、大豆を断ち、さらに十穀断ちに入りますと、これに塩分、火を通したものが禁じ手に加わります。食べていいのは、生野菜に果物ぐらいです。

十穀断ちをして毎日九時間、護摩壇に登って火炎にあぶられながら、全身全霊で真言を繰り続けて祈るのです。行の途中から全身の感覚が次第に鋭く研ぎ澄まされてきます。菜食は心身を浄化するはたらきがある、と私は信じています。

平成元年（一九八九年）二月、百日間続けて毎日一万枚ずつ護摩を焚く「百万枚護摩行《ひゃくまんまいごまぎょう》」に入ったときでした。前人未到の大行を成し遂げるためには、仏さまのご加護に加えて、気の抜き方、呼吸の仕方、平常心が重要な要素になります。行に入る前に長時間をかけて、精進料理で慣らしていましたから、身体に特に影響はないだろう、と思っていた矢先のことでした。

ちょうど二週間ほど過ぎたときです。お腹の調子がおかしくなりました。軽い下痢の状態です。いったん獅子座に座ったら、その日の全部の護摩を焚くまでは、立つわけにはいきません。万一粗相でもしたら、一座目からやり直さざるを得ないので、必死にこらえるしかありませんでした。何とか平常心を保って、身体のリズムをとり戻しました。

しかし、五十座を終え、半分の護摩木を焼供したのに、お腹の調子が治りません。まだ、十穀断ちに入っていなかったので重湯を食べました。これを一週間続けてようやく胃腸の調子が戻り、体力も徐々に回復したのです。重湯の効能を実感しました。

本来、出家した者にとっての食とは、まさにこのようなものなのだと、仏さまが教えてくれました。今も思い出すたびに合掌しています。

粥は究極の密教食

粥《かゆ》には十利《じゅうり》と呼ばれる効能があると言われています。
一、色——顔の色艶がよくなる。
二、力——身体に力がみなぎる。
三、寿——寿命がのびる。
四、楽——飽食に至ることなく安楽である。

五、詞清弁《ししょうべん》――言詞は清くさわやかに展転してとどこおることがない。
六、宿食（前日の食事）を除く――胸につかえることもなく腹にとどこおることもなく消化によい。
七、風患《ふうかん》を除く――風邪などのはやり病にかからない。
八、飢えを除く――飢えをなくす。
九、渇を除く――のどの渇きをなくす。
十、消化によい――大小便の通じをよくする。

これは「僧祇律《そうぎりつ》」というお経に説かれたものです。昔の人が粥をどれほど大切な食事だと思っていたのか、この効能によく表れています。

米が採れるところ、必ず粥の料理があります。中国も広州や香港など南の方に行きますと、海鮮物などを入れて煮た粥がありますし、北へ行けば五穀を混ぜた粥の美味しさを味わうことができます。イタリアではリゾットという粥の料理があります。

日本人にとっては、何といっても梅干と白い粥です。風邪をひいたときなど、熱い粥をいただく湯気の向こうに、心配そうな母の顔があったりして、懐かしい味です。

粥は究極の密教食です。ただ、正しい指導のもとで行わないと、かえって健康を損なうこともあります。大事なことは、五感の一つ「味覚」を磨くために、日々の食事は美味しく、楽しくいただくことです。

「一日一食」は仏の教え

近頃流行のダイエット方法に「一日一食ダイエット」があります。

食べたい気持ちを我慢するダイエットでは、そのことがストレスになって、かえって痩せない。そこで好きなものを好きなだけ食べる。ただし、しっかり食べるのは一日に一食だけで、あとはカロリーのないものをお茶などですませると、効果が高いという方法です。医師が考えて指導しているようですから、あながち間違ったものではないようです。

この「一日一食ダイエット」を聞いて、私はすぐに、それなら二千五百年も前にお釈迦さまが教えた食事法と同じじゃないか、と思い当たりました。

お釈迦さまは、自身も弟子たちにも「一日一食」の食事を命じていました。仏教の「一日一食」は、ダイエットの方法とは目的も内容も少し違います。こちらは、好きなものを好きなだけ、というわけではありません。あるものを、できるだけ多くの人と平等に分かち合い、感謝の気持ちを込めていただきます。

出家した者は修行をすることによって、身体もこころも脳の力もすべてが活性化しています。いただくものすべてが栄養として行き渡り、エネルギーとなるトレーニングを積みながら食事を摂るわけですから、「一日一食」で大丈夫なのです。出されたもので満たされる食事を摂る。それが仏さまの「食の教え」なのです。

お釈迦さまが生きた時代のインドや周辺地域で、ふつうの人たちがどんな生活をしていたのか想像もつきません。日本では縄文時代です。大きな建物の遺跡が見つかることもありますが、これは神さまを祀り祈りを捧げる神殿だったり、王などリーダーの館だったのでしょう。ふつうの人たちは穴を掘って、そこを住まいにしていました。食べ物は木の実だったり、貝や魚や獣の肉なども食べていました。縄文人はけっこうグルメだった、ということもわかっています。

古代インドや、お釈迦さまが生まれたヒマラヤの麓ではどうだったのでしょうか。お釈迦さまは王子ですから、城の中でとても贅沢な恵まれた生活を送っていました。しかし、城を一歩出れば、食べるものもロクにない貧しい人たちの群れがありました。あるとき、その悲惨なありさまを見て、お釈迦さまは出家したと伝えられます。

人はみな平等なのだから、食事は同じものを食べよう。そう考えたお釈迦さまは、弟子たちと同じ食事を摂りました。私も弟子たちと同じ食事をします。いただいたものは、みんなで分かち合って食べるのが、仏さまの「食のこころ」です。

「日に再び食せざれ」

お大師さまの残した食の作法が、秘法として伝えられて今日に至っています。

「日に再び食せざれ。（むやみに）断食すべからず。多食すべからず。全く少なくすべからず。食に疑いあらばこれを食すべからず」

これは、私ども真言行者の修行中の食事作法です。食べ過ぎも、食べなさ過ぎもいけません。バランスよく食事を摂って、長い修行期間を無事に済ませるように、という注意です。

「日に再び食せざれ」というのが、「一日一食」の教えです。しかし、修行中の若い僧たちは食べ盛りですから、これではとても足りません。このほかに、粥や麺を朝や夕に食べることは許されます。キチンとした食事は一回にして、あとは軽いものですませなさい、という教えです。お釈迦さまの時代に始まったしきたりです。

ここで、注目すべきは先ほどの「粥」です。中国の朝食は粥です。日本でも関西地方では朝ご飯に茶粥などを食べます。そのルーツは案外、お釈迦さまにまでさかのぼるのかもしれません。粥は胃腸を整え、気力をつける万能食とも言えます。

「一日一食」で足りない栄養を、粥が補ってくれるのです。その絶妙の効能によって、粥は仏教界だけでなく、広く庶民に伝わって今日まで続いているのです。

「一日一食」はこころのトレーニング

粥はお釈迦さまにとっても特別の食べ物でした。ここでいう粥とは今もインドにある牛乳でつくった乳粥《ちちがゆ》です。

村娘の差し出した一椀の乳粥がお釈迦さまの全身に力を甦らせ、菩提樹の下で瞑想に入り悟りを開いたお話は第一章第六節で述べました。当然、瞑想の間は食は断っていました。お釈迦さまは、乳粥で食べることの大切さを知り、瞑想で食べないことの大事さを知ったのです。

そして、お釈迦さまは弟子たちに「一日一食」の教えを説きます。しかし、若い弟子たちは一日一食しか取れないのでは、みなお腹が空いてしまいます。そこでお釈迦さまは、激しく体力を消耗するようなときには粥を食べてもよい、と教えられたのです。

「一日一食」とは人間が消化しやすい食事の形なのかもしれません。あとは、軽いものをいただく。それが仏教的な食事のあり方です。

古代ローマでは、金持ちの市民たちは毎日宴会に明け暮れていました。広い帝国の植民地となった土地から、珍しいものや美味しい食べ物がローマに集められて、特権階級たちは飽きるほど食べていました。簡単に吐ける薬を使って、吐いては食べるという行為を繰り返していたのです。「吐く薬」に象徴される堕落によって、「一日にして成らず」のローマ帝国がやがて滅びていったのです。

現代もまた飽食の時代です。ダイエットが流行するのは、みんなが食べ過ぎていると感じているからです。しかし、目の前には美味しいものがたくさんあると、食べたいという気持ちをコントロールすることは難しいのです。

「一日一食」の教えは、自分の気持ちをコントロールするトレーニングでもあります。ほんとうに自在なこころ、解放されたこころになると、必要なもの、必要な量で満たされます。食べ過ぎず、足りない気持ちもないのです。美味しかったからたくさん食べてしまった、と後悔することもありません。自然にコントロールできるようになるのです。「一日一食」の教えとは、じつはこころのトレーニングなのです。

「食」は内なる仏さまの供養

食事のこころは、生命のこころです。

「一切の有情《うじょう》は食より生じ、生じた者たちは食によって生命を保ち、死後に再び食に帰入する」

仏教が誕生する前からの古代インドの哲学には、こうあります。古代メソポタミアの人たちも、生きることの基本には食べることがある、と信じていました。食事は、お釈迦さま以来の大事な修行の一つです。お大師さまの真言密教にも、もちろん食事作法があり、出家した者の基本とされています。

「一切衆生は食によって存す」

『雑阿含経《ぞうあごんぎょう》』というお経はそう説いています。食べることはとても大切なこと、生きる元気のもとである、と教えているのです。

もちろん仏道を求める者にとっても、食べることは生存するために欠かせません。しかし、それだけでなく、人々を救うエネルギー源を確保するためにも食べるのです。そういう尊い目的が込められた食べ物をむさぼり食べたりしたのでは、かえって新しい悩みをつくるもとになるのです。

仏教は、食は執着の原因だとして、しばしば不浄観を説いてきました。食事は決してきれいなものではない、美味しいと思ってはいけない、と教えてきました。しかし、日本の仏教各宗派の食事に対する基本的な考え方は、食べ物を施してくださる人たちに感謝し、諸仏に献飯してありがたくいただく、という食事作法が一般的です。

お大師さまの教えを受け継ぐ真言宗では、食べ物を美味しいと思う煩悩も生きる力なのだと教えています。そして、私たちの内におられる三十七の仏さまを供養するために、作法にしたがって食事を摂るように、と説いています。作法にしたがって托鉢《たくはつ》の鉢の米を食べた人は、「無量の罪を滅し無量の福を生ず」と教えているのです。

食事とは本来、生命の根源である仏さまを供養するためにいただくもので、目の前に出された食事について、あれはいけない、これはいけないと、こだわってはいけません。みなありがたくいただくことが、食の基本です。わきまえておかねばならないことは、食とは他の生命をいただくことですから、決しておろそかにしてはならないということです。他の生命をわが生命に合体して生かすという考えこそ、仏さまの「食の教え」です。

正式の食事作法は、食前に「般若心経」を唱えます。「天地の恵みに感謝し、大切に扱い、世のため人のために身と心を養います」と合掌してから、箸を手にします。食後は「恵みの食をいただいて、心ゆたかに力が満ちた身心を捧げて、己の業務にいそしみます」と合掌するのが、作法の基本部分です。

重ねて言います。食事とは内なる仏さまの供養です。私たちの体を構成している細胞の一つひとつに栄養となる食べ物をお供えするのです。私たちの元に届くまでにかかわった、あらゆる生命に感謝していただくこと。それが食事作法の基本です。

「食」とは「いただくこころ」です。そこからさまざまな尊いこころが生まれてくるのではないでしょうか。

当たり前と思われている「食」も、仏教、密教の観点から見ると、非常に奥深いことがご理解いただけたと思います。この「食」の考え方がスピリチュアルケアの現場で、少しでもお役に立てればうれしいと思います。

第六章

「声の響き」と「こころの力」とスピリチュアルケア

音澄みし妙韻はるか
満ち満ちて四方に漂う
無辺なる慈悲のみ心
限りなき法の旅ゆき
諸人に安息つたう

第一節　仏さまは声の響きの中にいる

「声に響きあり」

「こんにちは！」と、大きな声で言ってみてください。自分の声が聞こえるはずです。私たちは、口から出た声を耳でもう一度聞いて確かめています。声は骨を伝わっても聞こえているそうです。体の内外から自分の声が響き合っているのです。

声を出すことは大切なことです。声を出すなら、周囲に満ちている仏さまに聞こえるよう、わが内なる仏さまに響くよう、仏さまの言葉を唱えてみましょう。それが、真言でありお経です。お経の中では、とりわけ「般若心経」が大きな響きを持っています。

お大師さまは「般若心経」を偉大な真言だと教えました。「般若心経」はまるで大きな梵鐘《ぼんしょう》の音《ね》のように、私たちのメッセージを乗せて、強く、遠く、深く響きわたります。私たちの祈りを仏さまに伝え届けてくれる「便り」なのです。

現代の日本には、音が氾濫しています。都会なら、自動車や電車の騒音にはじまって、大きな店や喫茶店、レストランでは、騒々しいものから静かなものまでさまざまな音楽が流れ、道行く人は大きな声で携帯電話に語りかけています。

赤ちゃんがこの世に生まれて最初に出会うのは、光と音です。お母さんのお腹の中で羊水に浮かんでいたときとは全く違う、生命の響きが身体に伝わってくるのです。

音は生きものにとって、欠かすことができない生命の一部ではないかと、私は思っています。障害によって音の届かない人もいますが、その人たちも響きによって音を感じています。

お大師さまが教えてくださった「声に響きあり」という言葉は、私の幼い頃から脳裏に深く刻まれていました。

私は、父や母の真言を繰る響きの中で生まれ育ちました。鹿児島県大隅半島の東串良《ひがしくしら》という小さな町の寺で、天に届くほどの大きな響きが、私の日常を包んでいたのです。今にして思えば、私は仏さまの声をゆりかごとして育った幸せ者でした。

音感というものは乳幼児の頃に育まれるのではないか、と私は思っています。よい響きの中で育つ子は、よい響きの感性が磨かれます。怒鳴りあったり、意地悪な言葉が飛び交う家庭や、騒音にさらされて育つ子は、音楽だけでなく、人の言葉の中から、よい響きより悪い言葉を拾いがちです。

言霊《ことだま》といって、古来、人は言葉の響きを大切にしてきました。言葉に霊力があると感じていたのです。言葉には霊力がたしかにあると、私は信じています。それは真言の力を尊ぶお大師さまの教えの基本なのです。

音楽は祈りから生まれた

私は小さい頃から音楽が好きでした。楽器を奏でるわけではありません。父と外出するたびに、道すがら教えてもらった草笛は、今でも私の得意とするところで、海外に出かける「祈りの巡礼」でも、しばしば披露して親善に役立っています。

歌を歌うのも大好きです。歌好きが高じて、ずいぶん作詞も手がけました。若い頃に覚えた歌は今でも、いつでも歌うことができます。

祈りとは決して難しい理屈で語るものではなく、心の底から湧き上がる、「こうしたいな」「こうなれば、いいな」という気持ちの表れです。歌うような気持ちでお経を唱えれば、それは立派な祈りになります。音楽は、もともと祈りから生まれた、と言われます。美しい響きこそが神仏に届くことを、古代の人は感じ取っていたのです。

音楽だけではありません。祈りから生まれたものが多々あります。火を灯すこと、水で清めること、風に乗せることなど、自然と祈りは切っても切れない関係にあります。それだけではなく、古代の人々は祈りを深めたい、神仏に祈りを届けたいと願って、さまざまなものを創っています。音楽から、歌、踊りも生まれました。人々は今も、歌って、奏でて、踊って、祈りを天地の神仏に伝えようとします。

人類はおよそ三万年も前から楽器を使っていました。シベリアで、当時のフルートの破片が見つかっています。ずいぶん古くから、人々は笛を吹き、いろんな楽器を演奏していたのです。

日本には古くから雅楽があります。これは朝廷が永らく守り伝えてきた音楽です。中国の影響が強いのですが、雅楽で使う楽器は、中国を通して入ってきた古代世界の楽器の集大成ともいえる多彩なものです。世界各地で生まれたさまざまな楽器が、海と陸のシルクロードを伝わって、日本にも伝わってきたのです。

私の寺では、毎日の行に鉦《かね》や太鼓を使います。仏さまとこころを通わせる言葉「真言」は、このような楽器の演奏に乗って、しっかりと仏さまに祈りを届けます。宗教舞踊も同じです。

心身に響くほら貝の音

真言宗の寺では、行を始める前にほら貝を吹きます。「ブウォー」と地の底から響いてくるようなほら貝の音は、これから仏さまと対話する空間にお連れしますよ、という合図です。

巨大なまき貝で作るほら貝は、世界中に楽器として存在しています。日本の修験行者だけのものではありません。ほら貝は古代インドで楽器として使われたのがルーツだと言われ、海のシルクロードや陸路を伝わって世界に広がったようです。

ギリシャ神話の神さまがほら貝を手にしている像があります。海神ポセイドンの息子トリトンは、半分は人、半分が魚の姿をしていました。ポセイドンの命令によってトリトンがほら貝を吹くと、海の荒波がたちまち静まったと言います。英語でほら貝のことを「トリトン・ホルン」と呼ぶのは、この神話に由来しています。ほら貝は大型の吹奏楽器、ホルンの原型だというわけです。

インドでは、今もヒンドゥー教寺院でほら貝が使われているそうです。また、ネパール、カンボジア、さらにはニュージーランドのマオリ族も、インドとそっくりのほら貝を使っています。これらは坪内栄夫氏が独学で調べて『シルクロードと世界の楽器』（現代書館）にまとめたものから教えていただきました。

ほら貝が儀式や宗教に使われるようになったのは、それだけ強い響きを持っているからだろうと、私は考えます。ほら貝と対比されるのが角笛《つのぶえ》で、これもほら貝と同じような使われ方をしてきました。遊牧民族がほら貝の代わりに動物の角で吹奏楽器を作ったのでしょう。アルプスで長い角笛を吹く光景を見かけます。遠くまで響き渡る角笛の音もほら貝と同じように、魂をゆさぶるものだったのです。

角笛は遊牧の民だけに限られましたが、ほら貝が海のない地域にも広まったことが不思議です。ヒマラヤの奥地で海の産物であるほら貝を手に入れることができるのは、よほどの権力者かお金持ちだったはずです。ほら貝は貴重品だったに違いありません。

祈りとは心身に響く音にゆだねることでより一層深まるのではないか、という気がしています。

仏の世界に誘う太鼓・鉦・鈴

私が日々勤めている護摩行では、太鼓が重要な役割を担っています。私の寺にはこころのバランスを失いかけた方も見えます。その中には、行のときに太鼓を叩く役割を果たしているうちに心身のバランスを取り戻した、という人が何人もいます。響きに託した祈りが生命本来のリズムを取り戻したのです。

太鼓のルーツをたどると、メソポタミアの古い国家シュメールに行き着くそうです。中国でも三千年前にさかのぼって太鼓の記録があるということですが、中央アジアあたりが太鼓の発祥の地ではないかとされています。

行に大きな太鼓を使うのは、日本だけのことかもしれません。中国の寺は鉦《かね》こそ使いますが、大きな太鼓を打ち鳴らして祈る光景は見たことがありません。東南アジアも同じです。お大師さまが行かれた唐の時代に、もしかすると中国でも太鼓が使われていたのかもしれません。

そして鉦です。ここでいう鉦は梵鐘のことではありません。梵鐘については後でお話しますが、「鉦や太鼓」と言われる鉦です。考えてみれば、仏さまに祈りを届ける道具、仏具の数々はほとんどが金属製です。人類の歴史の中で金属がとても重要な役割を果たしてきたことを、私はあらためて感じています。

「チーン」と鳴る鉦の音ひとつで、私たちは苦しみを抱えているその身のまま、大きな慈悲に抱かれ、癒されて、仏さまの世界に入ることができるのです。小さな鉦が奏でる透明感ある音色が、私たちの深層心理に響くのだと、私は信じています。

私は、さらに鈴に思いを馳せます。鈴は、縄文時代からあった土鈴《どれい》が始まりです。土鈴はどうやら日本固有のもののようです。海を越えてやってきた縄文人は、遠い故郷で神に祈るために用いてきた鈴を、何とか作り出そうとしたのでしょうか。少人数でたどりついたのですから、金銀など金属鉱山を掘り当てることはできません。そこで、身近にある土を焼いて、天に届く響きを持った土鈴が作られたのでしょう。

私の故郷、大隅半島は縄文人の故郷でもあります。海の向こうからやってきた祖先たちが、同じ場所で土鈴を鳴らしながら天に祈ったのかと、私は小さい頃に見上げた大空の青さを思い浮かべます。そうすると、何だか空の彼方から澄んだ鈴の音《ね》が聞こえてくるような気がするのです。

鈴は魔よけに使われますが、森や林や藪を歩くときも、鈴をつけていると、その音で蛇などから身を守れるといいます。四国八十八カ所めぐりなど、お大師さまの霊場をめぐる巡礼は、必ず鈴をつけて歩きます。歩くたびにあの澄んだ「チリン、チリン」という音色が響きます。そのリズムによって、疲れた足も一歩前に出るのです。こうしてみてきますと、楽器はみな祈りのための道具だったと考えられます。

古代人は歌いながら祈りました。楽器を打ち鳴らして祈りました。どうぞ私の願いが仏さまに届きますようにと、太鼓を打ち鳴らし、ほら貝を吹いて祈ったのです。

身体全体を使って祈る

仏さまはどこにおられるのでしょうか。すでにおわかりのように、じつはわが内におられます。それなら、これほどまでに大きな声を出し、楽器を鳴らさなくとも、内なる仏さまに祈りが届きそうなものです。

なぜ祈りに大きな声や楽器が必要なのでしょうか。ただこころの中で祈りを唱えているだけでは、仏さまのところに届かないのではないか。古代人はそう思ったに違いありません。大きな声で唱えたり歌ったり、大きな音で楽器を鳴らすためには、身体全体を使わねばなりません。身体全体を使った実践こそ、祈りを確実に仏さまに伝えることができる。古代の人たちはそう実感していたはずです。全身全霊で祈る。それが歌であり、踊りであり、楽器を弾くことだったのです。

真言宗には宗教舞踊があります。私は、大学時代に細川佐智子先生の門下生として、宗教舞踊を教えていただきました。行は真言を唱え、護摩を焚きますが、不動の姿勢を保ちますから、ほとんど動きません。しかし、舞踊は全身で踊ります。全身全霊を込めて踊るところに、宗教舞踊が成り立つのです。

私は大学時代、舞踊とともに相撲部の選手として稽古に励み、学生選手権大会に出場しました。相撲のルーツも神仏へ奉納するものですから、全身を使った祈りです。昨今のように相撲界が乱れるのは、相撲本来の祈りの精神を忘れてしまっているからではないかと、私は危惧しています。

祈りはこころの雑念を払って集中するものです。歌を歌うのも、踊るのも、楽器を打ち鳴らすのも、みな神仏との交流に集中して祈りをまっとうするためです。静かに瞑想するだけが祈りではないのです。祈りは、どこでも、どんなときにでも、誰とでもできるものだということを、仏さまは音楽を通して教えてくれているのです。

人のこころを癒す梵鐘の響き

さて、音の響きといえばやはり鐘、梵鐘《ぼんしょう》です。鐘の音は仏さまのメッセージそのものです。高野山をはじめ全国の寺々はみな、朝暮の勤行《ごんぎょう》にはかならず三通三下の鐘を鳴らしてきました。それは人々に聴かせるためではなく、欲界《よくかい》・色界《しきかい》・無色界《むしきかい》の三界《さんがい》を輪廻する冥衆《みょうしゅ》に仏陀大悲の声を聞かせるためだ、と言われてきました。

お大師さまは梵鐘について、「鐘を一度打ち鳴らせば、三千世界の大衆が雲の如くに集まり来たり、さらに三度打ち鳴らせば、四生の間の苦患《くげん》が氷の如くに解け去ってしまう」と教え、「生生《しょうじょう》に如来の梵響《ぼんきょう》を吐き、世世《せぜ》に衆生の苦しみの声を脱せん」と祈られたのでした。

古来より、梵鐘の妙なる音が響きわたるところには町や村が栄えるが、破れ鐘の響くところは不祥が続くとも伝えられています。朝に夕なに祈りながら打ち鳴らす鐘の音は、七里四方の空気を清め、そこに住む人々や訪れてきた人たちの心を洗い、如来の教えの言葉である「響き」を伝えるのです。

鐘の音が響くのは、日本ばかりではありません。ヨーロッパでは小さな町や村にも、教会の鐘が朝夕に響いて、人々の暮らしを刻みます。鐘の音は人々の苦しみを取り除き、安らぎを与えるものです。響きを伝える音が人々のこころを癒す力をもっているのです。

第二次大戦が終わって、日本に米軍を主体とした占領軍がやってきたとき、その兵士たちが駐屯する地で鳴らされる寺の鐘の音を聴いて、ホームシックにかかってしまった、という話を聞いたことがあります。戦場の殺伐とした気持ちのままに日本に進駐してきた米兵のこころに、鐘の音がしみ通って、人のこころを取り戻させたのでしょう。

「祇園精舎《ぎおんしょうじゃ》の鐘の声、諸行無常《しょぎょうむじょう》の響きあり、沙羅双樹《しゃらそうじゅ》の花の色、盛者必衰《じょうしゃひっすい》の理を顕す」

あまりにも有名な『平家物語』の始まりです。鐘の音は仏さまの世界からのメッセージを伝えるものですから、ただ聴く人の心を静めるばかりではなく、まさに「仏心」を呼び覚ますものなのです。

しかし、ただ鐘を撞《つ》けばいいというものではなく、「こころを込めて」撞いてほしいと思うのです。暮れになりますと、除夜の鐘が全国の寺々で響きます。人々の百八の煩悩を消すために、「ゴオーン、ゴオーン」と四方八方に響きわたる鐘の音を聴いているうちに、新年を迎える清々しいこころになるのです。

音に込められた祈りの響きこそ、音楽を仏さまとの交流とした人類の智慧だったと、私は信じています。

鹿児島のわが最福寺に音楽の守護神である大弁財天を招来したのは、現代の人々に天に響く真心こもった祈りを伝えたいという、私の願いからです。

「声」は生命の動きの象徴である

お大師さまは「響き」を大切に考えていました。風が音を響かせる。かすかな息をはく気配にさえ、風気は動いて響きとなり、これを名付けて「声」というのだ。そうお大師さまは説いています。

「内外《ないげ》の風気、わずかに発すれば、必ず響くを名づけて声《こえ》といふなり。響《ひびき》は必ず声に由《よ》る。声はすなはち響きの本《もと》なり」

これは、お大師さまの著書『声字実相義《しょうじじっそうぎ》』の一節で、私のとても好きな言葉です。

「身体の内外に風が動けば、そのかすかな響きが起き、これを声と言う。響きとは必ず声から発生するものだ」とお大師さまは教えます。ここで言う「声」とは、仏さまに通じる「声」であり、あるいは仏さまからのメッセージを乗せた「声」なのです。

動くことが生命のはたらきであり、風は生命の姿を私たちに伝えてくれる、天空からの使者なのです。息をすることは吐いて吸うことの繰り返し、それが生命の動きですが、ここに響きがあり、これを「声」というのだと、お大師さまは教えているのです。

息を吸えば、生命を燃やす酸素が大気中から肺に運ばれます。息を吐くとき、体内の炭酸ガスが大気中に運び出されます。その運動によって私たちの身体は生きているのです。ともすれば忘れてしまいそうになりますが、吐いて吸う、この呼吸が止まれば、私たちの肉体は死んでしまいます。呼吸という天空からの風は、私たちの体内をひとめぐりして、天空へと戻ります。それが「声」の本質なのだと、お大師さまは教えます。

私たちは「声のおかげ」で生かされて、生命模様を描くことができるのです。「声」は「おかげ」のはたらきの象徴です。「おかげ」とは陰になって見えないものをさしています。身口意のうち、身体は目に見えますが、身体を動かしている呼吸は目に見えません。言葉も見えない風の響きによって伝えられます。こころを伝えるのは、「声のおかげ」を知る仏さまの慈悲心にほかならないのです。

ご先祖のおかげ、家族のおかげ、上司のおかげ、友達のおかげ……、私たちはおかげがなければとても生きてはいけません。

人の生命は「呼吸の間」

「四大《しだい》、相触れて音響必ず応ずるを、名付けて声《しょう》といふ」

四大とは地・水・火・風です。これらが触れ合って音と響きとが応じあうのを「声《しょう》」というのだ、とお大師さまは説いています。「声」と書いて「しょう」と読みます。「声明《しょうみょう》」の「声《しょう》」です。

「声明」は仏さまに祈りを届ける調べ、響きを強く打ち出した祈りです。機会があれば、ぜひ、全身の神経を開いて生命の響きを体内に取り入れてみてください。きっと「声」の本質がわかるはずです。この地球上に「声」の無い世界はありません。私たちの生命は、いつも「声」とともにこの星で生きてきたのです。

声は響き、響きは風のように動きます。動くことは生命の本質の一つです。宇宙はいつも動いています。太陽も地球も動いています。生命は動いていることがノーマルな状態であり、滞ったり停止するのは生命本来の動きではありません。

仏さまが沙門《しゃもん》に問いました。

「人の生命は幾《いくば》くの間に在りや」

沙門は答えます。

「数日の間」

仏さまはこの答えを聞いて、「お前はまだまだ道を知らないな」と言います。沙門はまた答えます

「飲食の間」

これも違います。仏さまが別の沙門に同じ質問をすると、その沙門は答えました。

「呼吸の間」

仏さまははじめて「正解を知る者がいる」と喜びました。

生命は一呼吸の間です。人間が死ぬまで百万回の呼吸をするとすれば、百万回死んで生きた、というのが仏教の真理です。これは哲学の問答ではありません。私たちは一呼吸している間にも生死《しょうじ》を繰り返しているのです。

身体を構成している細胞は、常に再生を繰り返します。皮膚、爪、毛髪を見るだけでも、人間が持つ再生力の強さに驚かされます。脳細胞は再生しません。もともと脳細胞は何十億個もあり、一生のうちに使い切

れないほどです。それで再生しないまま、毎日二十万個ずつ死んでいっているそうです。いずれにしても、一瞬前の私と今の私とでは、私を作っている細胞のネットワークの構成員は交代しているわけですから、厳密な意味で同じ私ではありません。

しずくに真実を感じた山頭火

このように、一瞬一瞬変化し続けている生命の躍動を象徴するものが「風」なのです。風が呼び覚ます響き、すなわち「声」は、私たちに生命のリズムを運んできます。

岩清水や雨垂れの音、松のこずえに吹く松籟《しょうらい》、浜辺に打ち寄せる波の音は、聴いているだけでこころが癒されます。いつかどこかで聞いた、母なる宇宙の響きだからです。

しかし、現代に暮らす私たちは、自然の空間にこだまする「声」をかき消すほどの「音」に囲まれて暮らしています。自動車の騒音は言うまでもなく、音楽すらすべてが癒しになるわけではありません。一日中、どこへ行っても人工の騒音ばかりが響いて、本来の「声」が響かなくなっています。

「声」が響かなければ、生命のはたらきが見えるはずもありません。人工の音ばかりにとらわれて暮らしていると、虚しさが生命をむしばみます。逆に、死んだように静かな状態でも、空気は動いているので、仏さまとの交流である「響き」はちゃんと伝わり、生命にリズムを運びます。

「お山しんしんしづくする真実不虚《しんじつふこ》」

これは漂白の俳人、種田山頭火《たねださんとうか》が五十八歳のときに詠んだ句です。

「お山」とありますから、山頭火に山岳信仰があったことがうかがわれます。深山で雨に打たれていたときに作った句でしょうか。私は俳句についてはまったく門外漢で、この句をめぐる逸話を知らないのですが、「真実不虚」の言葉を目にしてこころに留めました。

山頭火が「しんしん」とした山中で、しずくの中に「真実不虚」を聞き取ることができたのも、大自然のリズムの中で呼吸していたからこそです。修験道の修行が深山幽谷を行場としてきたのも、天地の間にこだまする宇宙の響きに感応するためです。ごうごうと流れおちる滝に打たれながら真言を唱えるのも、大気を打ちくだくような勢いで岩を叩く滝の響きが、心身を揺るがせて清めるからでしょう。

私の寺の日々の護摩行で打ち鳴らす太鼓は、全身全霊で唱える真言とこだまし合い、天地の響きと共鳴し合って、行場にいる人たちの心身を揺り動かすのだと思います。

真実が虚しいものではないという「真実不虚」を知ったとき、すべての苦は消滅します。それが真言のはたらきです。真言と生命が響き合い、生命のリズムが宇宙のリズムと共鳴するとき、加持は功徳を発現するのです。

お経の響きの尊さを実感した日

私は、若き日、故郷の鹿児島で托鉢《たくはつ》の修行から人生の再スタートを切りました。最初は寝るところもありません。木や橋の下、ときによその軒下を借りて眠る。ほんとうの「乞食坊主」に近い生活を送りました。今になれば、この修行の期間があったからこそ、今日の私があると、仏さまに感謝していますが、当時はほんとうに苦しいと思いました。托鉢行は冷たくあしらわれることも多いのですが、それでも行ですからめげているわけにはいきません。毎日あちこちを托鉢して歩きました。

ある日、一軒の農家の前に立ってお経を読んでいますと、私の声を聞いて、一人のおばあさんがひとつかみのお米を持って出てきてくれました。ふとお顔を見ますと、目やにがいっぱいたまっており、たえず流れる涙のために目の周りが赤くただれています。そのつらそうな目で私を見つめながら、真剣に合掌しているのです。

これはかわいそうだと思った私は、お経を読み終わってから、おばあさんの目に手を当てて加持をしました。托鉢行の苦しい時期でしたから、どこの誰ともわからない私のお経にお布施をし、合掌してくれたおばあさんの優しい気持ちが、こころにしみてとてもうれしかったのです。

半年も経っていなかったと思いますが、しばらくしてまたその農家を訪ねてみました。お経をあげていますと、またおばあさんが出てきてお米をお布施してくださる。ふっとお顔を見ると、何と目がきれいに治っているではありませんか。おばあさんが言うには、私の加持の後ですぐに涙が止まったと言うのです。「ああ、よかった！」と、私は胸がいっぱいになりました。あのうれしさは私の生涯の「宝」です。

おばあさんのきれいな気持ちと、私の感謝の気持ちが響き合って、お加持がたちどころに効いたのでした。そのご縁のきっかけは、私の唱えるお経の響きだったのだと、おばあさんのお顔を思い出すたびに、私は響きの尊さを思うのです。

百万枚護摩の響きの中に仏さまを見た

古代中国では、音楽のことを「楽」の一文字で言い表しました。さらに、『詩経』などによると、音楽とはこころを楽しませるものであり、こころの憂いを晴らすもの、それによって魂が生命力を回復するものだとされています。今でも東西を問わず音楽療法があり、音の癒しについては誰もが認めるところです。

響きは心身のゆがみを矯正して、健やかさを取り戻すはたらきをします。音に仏さまの響きがあれば、私たちの生命は満たされ、癒されるのです。東洋でも西洋でも、優れた音楽家はみな、仏さまとの会話ができる音楽を作り、演奏してきたのです。仏さまへのメッセージ、宇宙の響きを伝えてきたのです。

私は音楽が大好きで、毎年夏に世界で活躍する若い音楽家たちによるクラシックの夕べを開くのを楽しみにしています。また、私の寺ではしばしば、仏さまの前でクラシックコンサートを開いたりします。

鹿児島の私の寺、最福寺には大きな木彫り坐像の弁財天がおられます。弁天さまはもともとは河の神様です。水を司り、大地を潤す母を象徴する女神です。同時に音楽を愛し、楽器を奏でる女神でもあります。素晴らしい音楽ならば洋の東西を問いません。私の耳には、コンサートの響きに弁天さまが奏でる琵琶の音《ね》が響き合っているように聴こえるのです。行をしていますと、音楽が聴こえてくることがあります。私の脳細胞の奥底に眠っている調べなのでしょうか。

平成元年に百万枚護摩行を成満しました。それは百万枚護摩行の結願《けちがん》の日のことです。私は護摩壇の前で最後の祈りを続けておりました。高野山からはるばる駆けつけてくださった宇賀貎下をはじめとする式衆の方々の結願法要《けちがんほうよう》の声、それまでの九十九日間をともに頑張ってきた弟子たちの真言を唱える声、高まるほら貝の音の中で、信者さんたちの読経は一段と大きくなっていきました。

しかし、私の目にはもはや炎しか写りません。真言と太鼓の音が最高潮に達し、そのリズムと護摩を焚くリズムが完全に一致した、と思った瞬間、私は護摩壇の上に七色の光があふれたのを見たのです。妙なる音楽が流れる中を、仏さまが金色の光に輝きながら、何とも慈悲深い微笑みを浮かべて、こちらへ近づいて来るではありませんか。

そのとき私はわれに返り、結願に達したことを悟りました。あの妙なる音楽の調べを再現できたらいいのにと思うのですが、これは難しいことです。「そんなこともあるのか」と思っていただければと思います。

にっこり笑い、声を出して挨拶する。これが身口意の三密の始まりだ、と私は思っています。こころをこめて声を発するということは、こころをこめて耳を傾けることにもつながります。

口の行、それが愛語《あいご》です。もちろん、口とともに身（身体・行動）も意（こころ）も、ともに清めていなければ、三密の功徳にはいたれません。他人をそしったり、いらぬ悪口を言いますと、それが自分に返ってきたり、相手のこころで増殖して、さらに感染を広げるウイルスのようなはたらきをします。

言葉にすることが、すでに行動の第一歩です。その言葉が仏さまの言葉と響き合うとき、私たちの願いは叶う。私はそう思っています。お大師さまが千二百年の時を超えて、現代の私たちに伝えてくださる教えを、私たちはしっかりこころに刻んで生きていきたいと願っています。こころの響きが声になって、天空高く伝わりますようにと、私は祈ります。

第二節　ほんとうの「こころの力」とは

北京オリンピックのメダリストたちのこころ

平成二十年（二〇〇八年）の北京オリンピック、感動的な出来事がいくつもありました。なかでも、アテネオリンピックに続いて水泳・平泳ぎ百、二百メートルの二種目で金メダルを取った北島康介選手、陸上トラック競技で日本男子初のメダル（銅）を獲得した陸上四百メートルリレーの朝原宣治選手たちの全力を振り絞った清々しさ、そして圧巻は何と言っても女子ソフトボールの金メダルでした。

女子ソフトボールでは、上野由紀子投手の「鉄腕ぶり」が忘れられません。六百球以上も投げきってなお笑顔にあふれていた姿は、長く伝説として語り継がれることでしょう。上野投手の右手中指の先は、マメがつぶれて皮がはがれていました。しかし、そんなことは忘れて力投を続け、ついに悲願の金メダルを日本にもたらしたのです。監督によれば、強い精神力を支える強い肉体づくりにも力を入れていたので、準決勝から決勝にいたる過酷なスケジュールにも崩れずに投げきることができた、と言います。

北島選手は泳ぎの練習だけでなく、こころのトレーニングもしていたそうです。ポジティブ発想でオリンピックの二種目連覇を果たしたのでした。アテネオリンピックで金メダルを獲得した後、北島選手は成績が低迷しました。これをハネ返す努力は、「もう一度、なんとしても」という強い意志だったと聞いています。

コーチとの強い信頼関係が、その原動力になりました。

男子陸上チームがもたらした銅メダルは、トラック競技では昭和三年のアムステルダム大会の女子八百メートルで、人見絹枝さんが銀メダルを取って以来の快挙でした。これを最後に現役から引退すると言われていた朝原選手のために、チームの選手たちが頑張ろう気持ちを一つにした結果でした。

自分だけのためではなく、「誰かのために」という気持ちが、大きなパワーを引き出すことを、最近忘れている人が多いと思っていた私は、こうした選手たちの感動的な話を聞いて、とてもうれしくなりました。

こころは人間の本体

何としても勝つ。その強い気持ちをこころに持つことから、目標達成への道が始まるのです。どれほど技を磨いても、こころが強くなければ身体は動きません。スポーツの世界では「心技体」と言いますが、お大師さまの教えでは「身口意」です。この三つのバランスがとれていれば、私たちは無事に日々を過ごせます。

技はデータの裏づけで確認できます。体は見るだけでトレーニングの結果を知ることができます。しかし、こころが強くなったかどうかは見えません。しかし、トレーニングを重ねた成果はしっかりと現れます。トレーニングに励むためには、「こころ」の応援がなくてはならないのです。

最近、脳学者たちに、こころと脳との関係を研究する動きが広がっているようです。脳トレが流行するきっかけをつくった川島隆太先生が、脳を鍛えるトレーニングがどうしてこれほどのブームになったのかについて、こんなことを言っています。
「モノではなく、自分自身に目が向くようになった。肉体に関する情報はいくらでもある。唯一欠けていたのが、自分自身の本体である心の器であるところの脳。これをいかに保つか、だったんでしょう」(『朝日新聞』平成十九年七月十四日付け)
私は「自分自身の本体である心」という言葉に注目しました。そのこころの器を「脳」としているのは、現代の科学者だからであり、最近の脳学者たちの研究トレンドです。しかし、自分の本体はこころであるという視点こそ、お大師さまが説いていたものにほかなりません。

「こころの手ごたえ」とは何か

仏教が大切にするこころとは何でしょう。お大師さまは、こころは「識」だと言っています。すでに第二章第三節で詳述している「六大」の一つ「識」です。
「体あるものは、まさに心識を含み、
心あるものは必ず仏性を具す」(『拾遺雑集』)
こころとは仏さまそのものであり、「山川草木悉皆仏性」と言うとおり、生命あるものはみな仏さまだと感じ取れる感覚が、こころの手ごたえである、ということです。
私たちが、目に見えないけれど確かに持っていると感じているこころは、私たちが日々生きているはたらきのまとめ役であり、「識」こそが仏さまからいただいた生命そのものなのです。

たしかに、私たちの肉体の機能はとても重要です。しかし、一心に何事かを追究していくとき、そうした肉体の機能を超えたはたらきによって、願いが結実することがあるのです。そんな経験を持っている人は、案外多いものです。

オリンピック選手だけではなく、最近はスポーツ選手の間でイメージ・トレーニングが盛んになりました。たとえばゴルフでは、このようにボールを打ったらこんなふうにホールに入る、というイメージを描いてから、スウィングする選手が多いのだそうです。

イメージを持つことがすべての始まりだ、という説もあります。人類のさまざまな発明は、まずイメージを持つことから始まった、というわけです。たしかに発明はそれまで「無かったもの」を考えるのですから、まず思い描かねば先に進めません。「識」とはこころの設計者なのかもしれません。脳のトレーニングには「識」の力を高めることも大切なのではないかと、私は感じます。

「こころの力」を生かす秘訣

私たちは一寸先が見えない闇を歩いています。ほとんどの人が目の前に迫っている危険を察知できません。手が届くところにある幸せをつかむことができずに苦しんでいます。仏さまは、そうした衆生の苦しみに救いの手を差し伸べて、闇に一条の光を灯し、幸せの温もりに触れさせて、力を与えてくださるのです。

最近しきりに亡き母のことを思います。古希という人生の区切りをまた一つ越えたからでしょうか。

「継続こそが行だ」――それが母の信念でした。母の晩年、私が医学部の講師として教壇に立つようになると、ときおり私の書いた論文を見せてみろと言いました。八十歳を超えている門外漢の母に見せても仕方ないと思いつつ、論文を渡しますと、パーッと大変な勢いでめくっていきます。

「ここんところがおかしい。直せ」

母が指摘したところは、なるほど論理の飛躍があったり、はしょっていたり、不適切な引用だったりして、確かに「おかしい」のです。

「どうしてこんなことがわかるのだ」

私は少年の頃から繰り返してきた質問をしますと、母はこれもまた、いつも同じ答を返しました。

「邪気をなくし、仏さんの前で完璧に純心になることだ。邪気とは煩悩のこと。それをきれいさっぱり捨てて、この上なく素直になる。それによって受信機が清浄になり、何でもキャッチできるようになる」

たしかに母を見ていると、自分のそうした能力を欲や名誉のために使ったことは一度もありません。口癖だった「みなの幸せのために」だけ、自分の受信機をオンにしたのでした。「みなの幸せのために」に邁進することが、「こころの力」を生かす秘訣なのだと、私は改めて感じます。今こうして母のことを思い出すのは、あの世にいる母がなお私に教えてくれているのだと、私は合掌します。

「菩薩の行願《ぎょうがん》は大悲をもって本《もと》とす。

慈はよく楽をあたえ、悲はよく苦をぬく」

お大師さまの言葉のとおりに母は生き抜いたのだと、私はこの頃になって母の大きさをあらためて感じているところです。

仏さまに出会う至福

「心は即ち本尊なり」(『秘蔵記』)

私は行を通じてそのことを学びました。仏さまをこの身のままで感じ取ることができた瞬間がありました。

「百万枚護摩行」の成満まであと四日となった夜のことです。私は三時間ほどの仮眠をとろうと床に就きました。しかし、眠れずに眼を開けて天井を見つめました。すると何か白い影がすぅーっと下におりて、私に近づいてきたのです。それは何とお不動さまでした。お不動さまはどんどん私に近づいて、とうとう私の中に入ってしまいました。疲労のあまりの幻視、幻覚だと、私はたった今、自分に起きた現象を信じられずに呆然としていましたが、間もなくストンと眠りに落ちました。

翌日の午前一時過ぎに、その日の行を始めました。身体が何となく重いのですが、あと三日、ここでやめるわけにはいきません。母の教えにしたがって、「今日がスタートだ」と自ら言い聞かせて護摩を焚き始めました。さあ、今日も頑張らなくては、と気合を入れたそのとき、体がふぅーっと軽くなって、白い影のようなものが身体から出ていきました。昨夜のお不動さまだと、私にはすぐにわかりました。

私の身体から抜け出したお不動さまは、ご本尊のお不動さまの中にすぅーっと入っていかれました。急に身体が軽くなり、硬直していた腕の痛みも消えていました。気力が全身にみなぎり、真言を唱える声にも張りが出ました。お不動さまが新たな肉体を授けてくださったのだ、と私は仏さまの深いご加護をあらためて感じたのでした。

そして、第一節で前述したように、結願の日に、三メートル近くになった炎が最後の輝きを増したとき、七色の光に包まれた護摩壇の向こうに、慈愛に満ちたお顔でこちらに近づいてくる大日如来のお姿を、ハッキリと見ることができたのです。

その瞬間、ほんとうの生命に触れた、と私は思いました。そしてそのとき、初めてほんとうの行を知り、ほんとうの祈りを知ったのだという、清々しい気持ちになったのでした。

ほんとうの行とは、他人の苦しみを知るためだけのものではなく、この世にあって、この世を超えた空間の境界に触れ、大いなる生命に包まれる至福を知ることであり、湧き上がる悦びに心身が満たされることだ、と知った一瞬でした。

「こころの力」は癒す力

この「百万枚護摩行」という大行に挑んだことで、私は自分たち人間の卑小なこと、わが身が仏さまにはるかに及ばない存在であることを、いまさらながら思い知らされました。

そして、「百万枚護摩行」とは仏さまの領域に属する営みであって、われわれ人間の尺度を仏さまの世界にあてはめることは意味がない、と思うようになっていたのです。私たちの身体そのものがこころではないか。そのことを忘れて、こころは身体のどこかにあって、置き忘れたりできるような存在だと思っていたことが間違いだったのではないか。私はいつしかそう考えるようになっていました。

ほんとうは指先にもこころがあります。目にも耳にも口にも、感覚があるところすべてに、こころがあります。そのこころを感じ取れるか取れないか、感じ取れるようにするのが、六感を磨くトレーニングなのです。

ただ感覚を研ぎ澄ますだけでは、こころを見落としてしまいます。仏さまを信じる力、それがほんとうのこころを見つける道しるべです。大日如来を思い浮かべて、一心に大日如来の真言「アビラウンケン」を繰り返し繰り返し唱えてみれば、胸の中に太陽を抱えたような温かさを感じることでしょう。

つらい経験をし、それを乗り越えてきた人たちの「こころの力」は、悲しみに覆われた人のこころを癒す力を持っているのです。

行とは体験です。ただただ心身を苦しめることを目的にした苦行では、ある種の超能力を得ることはできても、その超能力の正しい使い方を身につけることはできません。「慈悲のこころ」がともなっていないからです。祈りとは誰かにすがるものではなく、自分自身を磨くものなのです。

第三節　最先端医療とスピリチュアルケア

神聖な山を守る意味

スピリチュアルケアという学問分野は、宗教と医療が融合する最先端の分野です。スピリチュアルケアの分野でいのちを燃やしてはたらくためには、最先端医療をどう理解し、どう迎え入れるかという問題も絡んできます。私は、最先端医療はエベレストと同じだと考えています。

昔の人は、高い山には神が宿ると信じました。古代のインド人は世界の屋根ヒマラヤを霊山に見立て、「シュメール」と呼びました。サンスクリット語で妙なる高い山「妙高山」という意味です。これを中国語に音訳したのが「須弥山《しゅみせん》」です。仏教における須弥山の頂上には帝釈天《たいしゃくてん》が住んでおり、周囲を四天王が守っています。帝釈天は仏法を守る仏さまとして信仰されています。須弥山が仏教の世界に登場する一番高い山であり、モデルになった山脈がヒマラヤだとされています。

お寺の仏さまが座っておられる高い壇を「須弥壇《しゅみだん》」と言いまして、神聖な須弥山に見立てた場所です。須弥壇にはその寺のご本尊である大日如来や釈迦如来、阿弥陀如来などが、仏法を体現して鎮座されています。

日本にも山岳信仰があり、山のてっぺんには祠《ほこら》があったりします。富士山信仰とか白山信仰とか言いますが、信仰の対象になっている山には、先達に連れられて登山をします。白衣に身を包んだ人たちが、「六根《ろっこん》清浄《しょうじょう》、六根清浄」、身も心も清らかにと声に出して山を登ります。

山は昔から神聖な場所でもありました。お寺の名前にも「○○山××寺」というように山の名前がつけられます。私の寺は烏帽子山《えぼしざん》最福寺《さいふくじ》、真言宗の総本山は高野山《こうやさん》金剛峯寺《こんごうぶじ》というように、山号《さんごう》がついています。これも神聖な須弥山を模し、崇高な教えを体現した須弥壇があるがゆえに、そう呼ばれているのです。

ヒマラヤの登山道を清掃している日本の登山家がいます。ヒマラヤ登山を行った登山者たちが捨てていった缶詰や即席食品の残骸が、あちこちに散らばっているのです。頂上に立つことばかり考えている登山家は、足元など眼中にありません。食い散らかしは雪の中に埋めておけば良いとばかりに、犬が糞を隠すようにして頂上を目指すのです。これがトラックに何杯ものごみの山を作ります。

これではいけない、せっかくの神聖な山が汚れたままでは申し訳ない、という日本人登山家の呼びかけに応えて、世界中の登山家有志が集まり、困難な清掃をボランティアでやっています。最高の技術と膨大な資金、それに天候という運にも恵まれなければ、登頂は不可能という山も、こうした努力の甲斐あって何とか神聖さが保たれているのです。

目の前の患者さんを見よ

私は最先端の医療もエベレストと同じだと思うのです。最高の技術、膨大な資金、運にも恵まれなければ到達できない最先端の医療も、それを使う人の心掛け次第で尊くもなれば汚れもします。市場原理で先へ先へと営利を求めて突き進みますと、医療ビジネスという立派そうな道ができますが、この道を競争して突っ走っているうちに、本来の医療が乱れてしまう恐れもあります。

私は若い医学生たちに仏教からみた医療倫理、生命倫理を説きながら、最先端医療に傾斜しすぎることによって、医療が乱れることに警鐘を鳴らしています。先ばかりを見ていないで、まず目の前の患者さんを見なさい、と説いています。

患者さんが医療に何を求めているかと言えば、まず第一に、病気を治してもらうことです。しかし、残念ながら助からない場合もあるわけです。最先端医療を受けても助からない患者さんは苦しいと思います。また、死を間近に控えているお年寄りも、内心大きな不安を抱えているはずです。だから私は、「まず安心を与えなさい」と力説しているのです。

これまでの医療は、そういう人たちに救いと癒しを与えることに熱心ではありませんでした。しかし、本来の医療はその部分でも大きな役割を果たさねばならないのです。そこにスピリチュアルケアの大きな存在理由があります。

中国のことわざに「鹿を追うものは山を見ず」と言います。山を見ることによって自分の位置を確認するという作業を怠り、一生懸命に獲物だけを追っていると、いつの間にか自分がいる場所を見失い、野垂れ死にすることになる、という意味です。先端医療の落とし穴もこのことわざと同じで、最先端医療ばかりを追い求めていると、医療本来の責務を忘れる危険性があるのです。

登山でいうなら、何が何でも頂上に立てば良いのか。周りへの影響を考えなくても良いのか。そういうことを登りながら考え、考えながら登ることが大事なのです。医療の分野でも、研究しながら前進し、前進しては自分の研究の社会に与える影響などを考慮する。そういった思考を重ねながら前進する必要があります。

先端医療はそれ自体が尊いのではなく、世にあまねく救いをもたらして初めて価値が生まれます。そのためにはそれ相応の倫理が求められるのです。それを監視し、時には立ち止まって整理する必要が生じるのです。

医療を重視してきた仏教

「祇園精舎《ぎおんしょうじゃ》の鐘の声、諸行無常の響きあり」という『平家物語』の冒頭部分で有名な祇園精舎は、お釈迦さまが篤志家から寄贈された仏教の殿堂です。近年、祇園精舎があったと思われる場所の発掘作業が進んでおり、敷地だけでも想像以上の規模だったようです。

お釈迦さまがいる祇園精舎には、インド各地から信者さんが集まりますから、病気になる人もあれば出産する人もいたはずです。これら病人は病状に応じて、聖人病院、無常院、重病閣、涅槃《ねはん》堂といった施設に入れられていたといいます。

今、まさに死を迎えようとしている人は涅槃堂に入れられ、阿弥陀像から伸びたヒモを手にし、修行場から聴こえてくる読経の声を耳にしながら、従容《しょうよう》と最期を迎えます。死者が出ると、祇園精舎の二つの鐘が打ち鳴らされ、それが「諸行無常、諸行無常」と響きわたったのです。

祇園精舎にいた信者さんたちは、その鐘の音を聴いて作業の手をとめ、手を合わせ成仏を祈ります。そして自分が死出の旅路につくときには、みなさんに祈っていただけると信じて、こころ静かにその時を迎えるのです。

このような施設から「釈迦の医学」または「仏教医学」といった名称で、仏教的な医療が始まったのです。医療を専門とする僧侶を僧医と呼んでいました。元熊本大学助教授の福永勝美博士の研究によれば、古代インドの医学には内科学、外科学、解剖学、生理学、寄生虫細菌学、薬物学などがあり、現代医療の放射線科を除くほとんどすべての科がそろっていたそうです。いきなり仏教医学が発展したのではなく、古代インドで行われていた医療を仏教の布教に役立てたというのが実態だったようです。

仏教医学の倫理では、僧医は医療をもって生活の手段としてはならない、と戒められています。なぜなら、医療で生活の糧を得ると仏道修行のさまたげになるからです。「医は仁術」というのは、古代インドから言われていたことなのかもしれません。

奈良の興福寺や大阪の四天王寺などには「施薬院」があり、寺が治療にあたっていたことがわかっています。また、お大師さまが唐の長安から持って帰られた経典の中にも、ちゃんと医学書も入っていますから、仏教が医療を重視していたことはたしかです。

日本の医療は仏教の生命観を無視できない

現在の日本の医療は信頼できます。ただ、医学を勉強するためにアメリカの大学へ留学するのは結構ですが、日本の病院の患者さんは日本人だ、ということを忘れてはなりません。

明治維新後、海外へ留学した日本の知識人たちは、「和魂洋才」をキャッチフレーズに、西洋の知識を日本流にアレンジして導入することを心掛けました。このアレンジが大切なのです。いかなる学問も日本で生かす場合、対象となるのは日本人です。いかに最先端医療の分野でも、日本の医療風土に合わせる視点を忘れてはならないのです。

この頃、病状を明確に説明して治療方針を患者さんとともに決定する、欧米式のインフォームド・コンセントを重視した医療が推進されています。とても結構なことです。しかし、その患者さんは仏教、儒教などの影響を受けている日本人です。日本人の多くは「無宗教」と答えますが、日本人の遺伝子には多かれ少なかれ、仏教、儒教が刷り込まれており、これを無視して医療は成立しないのです。

お釈迦さまは人間のありようを「諸行無常」と「諸法無我《しょほうむが》」という二つの真理で表しました。日本の医療はこの二つを無視することはできません。

「諸行無常」とは、あらゆるものが変化する、一カ所に留まるものは何一つとしてない、という真理です。これを「無常観」とも言います。人間ひとたび生まれたら、その日から死に向かって時を刻んでいます。生まれたときから、ある意味の老化が始まるのです。万物がこの真理から逃れることはできません。

「諸法無我」とは、人間はあらゆるものと関係しながら生きている、という真理です。これを「無我観」と言います。他がなくしてわれもない。今、私たちは人間、動植物、地球環境、宇宙、あらゆるものと関係を持ちながら生きています。この世にポツンと一人だけ生まれて、一人で生きていける人はいないのです。

このことは私たちの遺伝子に深く刻み込まれています。

これが仏教の生命観です。諸行無常だから死を恐れるな。どうせ死ぬのだから、死にうろたえてはならない。諸法無我だから死ぬのは自分だけではない。同じ運命の者がお互いに関係を持ちながら生きている。これが仏教的な真理であり、悟りとも言うのです。

最先端の医療は、ともすればそれを覆そうとします。しかし、私たちの遺伝子には「諸行無常」と刷り込まれているのです。人間の寿命を三百歳、五百歳に変えられるわけがありません。仮に実現したとしても、次にとんでもないことが起き、この世がこの世でなくなります。だから私たちは、生きている短い間、せいぜい幸せに暮らしたいと願うのです。

ゲノム解読の向こうに大日如来という存在

仏教が興った最初の頃は、自分だけが安心を得る目的で修行を積み、お釈迦さまの教えに忠実に暮らしていれば幸せでいられました。しかし、それはお釈迦さまがほんとうに願っていた教えではないだろうと、仏教が始まってほぼ五百年後に、みんなを救わなければならないという大乗仏教が誕生します。

「山川草木悉有仏性《さんせんそうもくしつうぶっしょう》」、あらゆるものに仏性がある。誰もが仏さまと同じ性質を持って生まれているのだから、あれこれ心配せず、世のため人のために良い行いをしなさい、と大乗仏教は説いてきたわけです。

ところが、密教では「山川草木悉皆成仏《さんせんそうもくしっかいじょうぶつ》」です。あらゆるものは生まれながらに仏さまであり、自ら内なる仏心を磨けば、誰でも生まれながらの仏さまになれる。この「即身成仏」が密教の基本的な考え方です。

私たち自身が仏さまなのです。

万物は密教の中心仏である大日如来の分身であって、大日如来そのものです。この仏さまは「大宇宙・大生命体」とも位置づけられます。要するに、宇宙のすべてが大日如来であり、万物が大日如来に帰するのです。

日本のヒトゲノム研究班は、世界に先駆けて解読完了を宣言しました。そして「ゲノムが読めれば全部わかると思っていたが、実際はもっと複雑だった」と、研究リーダーはコメントしています。「わからなかった」ということ自体が、おそらく大変な発見だったに違いありません。私は、その読めなかった部分に、大宇宙・大生命体が総体として存在しているのではないかと感じます。

水分やタンパク質など、ミクロの物質が人間を形作っているとしても、その人間としてまとまりのある総体があります。またその人間も山川草木とともにまとまりのある総体のもとにこの世に具現しているのです。その総体の究極が大日如来なのだ、と私は感じるのです。

大日如来は、存在そのものが真理、すなわち苦しみを取り除いて楽を与える慈悲そのものです。花は無心に本来の仏さまを顕《あらわ》しております。その美しさが人の心を和ませるのです。これが花のたくらみのない慈悲です。石も砂も、山や川も、あるがままの慈悲を施しております。

人間はたくらみごとをする分、慈悲の涵養《かんよう》に努めなければなりません。その慈悲がほんとうに人類にあまねく幸福をもたらすかどうかが、最先端医療の是非を判断し、選択する基準となるのです。

スピリチュアルケアの本質は慈悲

人間には「生老病死《しょうろうびょうし》」という四つの根源的な「苦」があります。病に関した「苦」に対して、最先端医療もさることながら、私たちは「こころの救い・癒し」を施さなければなりません。それが慈悲なのです。スピリチュアルケアとは、まさに慈悲の行いだと言えるでしょう。

慈悲はただこころに思えば良いというものではありません。身体をもって示し、言葉でもって表し、こころでもって伝えることが大切です。相手を安心させる態度、優しい言葉、相手を思うこころをもって接すれば、相手もそれに応じてくるのです。お互いが仏さまであればこそ、身体と言葉とこころが通じ合える。これが「身口意」であり、密教でもっとも大切とされる作法です。スピリチュアルケアもこの延長線上に成立するものです。

医療も介護も生命の灯台です。患者さんはその光を求めてきます。みな暗い道に迷い、苦しみ、困ったすえに光に導かれてやってくるのです。この灯台がお金次第でコロコロ場所を変えたら、どうなるでしょうか。最先端の医療技術は尊いとしても、金銭を優先させるべきではありません。それが衆生が生命を預ける灯台の役目なのです。

お医者さんの医療も、看護師の看護も、介護士の介護も、そしてスピリチュアルケアも、それらを受ける人にとっては生命の灯台守です。そして、その基本が慈悲にあること、スピリチュアルケアの本質もそこにあることを強調しておきたいと思います。

著者略歴

池口 恵観（いけぐち えかん）

昭和11年鹿児島県生まれ。昭和34年高野山大学文学部密教学科卒業。
高野山真言宗伝燈大阿闍梨大僧正、前人未踏百万枚護摩行者、医学博士（山口大学）。
鹿児島市　烏帽子山最福寺・藤沢市　江の島大師　法主。

高野山真言宗宗機顧問、日本予防医学会相談役、日本補完・代替医療学会理事、平成医療倫理研究会代表理事、21世紀高野山医療フォーラム理事、兵庫医科大学客員教授、岡山大学医学部客員教授、高野山大学客員教授、京都府立医科大学客員教授ほか国内・国外の役職多数。
山口大学、広島大学、金沢大学、弘前大学、大分大学、鳥取大学、産業医科大学等の医学部非常勤講師。

著書として、『阿字』（リヨン社）、『無限の幸福と歓喜を呼ぶ祈りの心』『密教　お大師様が教える生命の真実』（共にKKロングセラーズ）、『般若心経エクササイズ』『医のこころと仏教』（共に同文舘出版）など多数。

烏帽子山最福寺 URL：http://www.saifukuji.or.jp/

密教が教える スピリチュアルケアのこころ

平成21年3月30日　初版発行

著　者—— 池口恵観
発行者—— 中島治久

発行所—— 同文舘出版株式会社

東京都千代田区神田神保町 1-41　〒101-0051
電話　営業 03 (3294) 1801　編集 03 (3294) 1803
振替 00100-8-42935　http://www.dobunkan.co.jp

 ISBN978-4-495-58341-5
印刷／製本：萩原印刷　Printed in Japan 2009